V

NICOLA GRAIMES

DIE NEUE VEGETARISCHE KÜCHE

Rohkost / Grillen / Braten / Dämpfen /
Kochen / Backen

GERSTENBERG

Für Silvio, Ella und Jool

Die Originalausgabe erschien 2011 unter dem Titel *New Vegetarian Kitchen* bei
Duncan Baird Publishers Ltd
Sixth Floor, Castle House
75–76 Wells Street
London W1T 3QH

Conceived, created and designed by
Duncan Baird Publishers

Aus dem Englischen von Susanne Müller

Satz und Produktion: Print Company Verlagsges.m.b.H., Wien
Printed in China by Imago

www.gerstenberg-verlag.de

ISBN 978-3-8369-2758-1

Hinweis: Die Rezepte für dieses Buch wurden mit großer Sorgfalt ausgewählt. Der Verlag und sämtliche an der Herstellung beteiligten Personen haften weder für allfällige in der Einleitung oder in Rezepten auftretende Fehler oder Auslassungen, noch für allfällige Probleme und Beschwerden, die im Rahmen der Zubereitung dieser Rezepte entstehen. Schwangeren und Stillenden sowie Personen mit speziellen Ernährungsbedürfnissen oder in medizinischer Behandlung wird empfohlen, die Rezepte in diesem Buch nur nach ärztlicher Beratung anzuwenden.

Wer ist Vegetarier?
Vegetarier verzichten auf Fleisch, Geflügel, Fisch und Meeresfrüchte sowie auf andere Erzeugnisse aus Fleisch und tierischen Bestandteilen, wie Gelatine.

Hinweis für Vegetarier
Insbesondere Käse, der unter traditionellen Bedingungen hergestellt wird, kann Kälberlab enthalten. Lesen Sie die Zutatenliste und achten Sie beim Einkauf auf Hinweise wie »Für Vegetarier geeignet«, das »V«-Zeichen oder »Enthält Labaustauschstoffe«. Alle Käsesorten, die in diesem Buch Verwendung finden, sind in vegetarischer Form erhältlich.

Wenn nicht anders angegeben:
- Eier Größe M, Früchte und Gemüse mittlerer Größe
- reife Früchte und frische, nicht getrocknete Kräuter
- 1 TL = 5 ml
- 1 EL = 15 ml

Danksagung
Mein inniger Dank gilt Grace Cheetham, die mich beauftragte, dieses Buch zu schreiben, für ihre anhaltende Begeisterung und ihr Vertrauen in das Projekt. Dank auch an Nicole Bator, meine hervorragende Lektorin, die mir mit Ideen, Tipps und Hingabe zur Seite stand und mich mit positiven Rückmeldungen bestärkte. Nicht zuletzt ganz großer Dank an das gesamte Team, insbesondere Luana Gobbo (Layout), William Lingwood für die großartigen Fotos, Bridget Sargeson (Food-Styling) und Wei Tang (Ausstattung).

INHALT

EINLEITUNG

Dieses Buch hat einen langen Entwicklungsprozess hinter sich. Aus einer vagen Idee wurde nach und nach eine umfassende Sammlung von Rezepten, die ich unbedingt weitergeben wollte. Vorbei ist die Zeit, in der ein paar Standardgerichte reichen mussten. Die moderne vegetarische Küche lockt mit vielfältigen Rezepten, die zum Probieren anregen und selbst dem größten Fleischtiger unwiderstehliche Alternativen bieten.

Als ehemalige Gastro-Journalistin kam ich sozusagen über Umwege zum Kochbuchschreiben. Die vegetarische Küche war aber immer schon meine Leidenschaft, und ich liebe die Herausforderung, Gerichte zu gestalten und zu entwickeln. Als »Beilage« verschrien, spielt Gemüse für mich in der Speisekarte viel zu oft nur eine Nebenrolle. Und nicht selten sind vegetarische Gerichte unausgewogen und enthalten viel zu viele Kohlenhydrate und zu wenig Eiweiß. Dieses Buch legt den Schwerpunkt auf »vollständige« Mahlzeiten, die sowohl Eiweiß als auch Kohlenhydrate liefern und mehr sind als eine bloße Sammlung von Beilagen.

Ursprünglich war dieses Kochbuch gar nicht rein vegetarisch geplant. Ich sehe es jetzt vielmehr als eine Hommage an meine liebsten Zutaten – frisches Obst und Gemüse, Kräuter und Gewürze, Hülsenfrüchte und Nüsse oder Käse und Eier. Ihre Qualität, Vielfalt und Vielseitigkeit sollten zur Geltung kommen. Dass Fleisch und Geflügel, Fisch und Meeresfrüchte darin keinen Platz fanden, ist eher Zufall.

Ich selbst bin beim Kochen eher ungeduldig. Schmackhaft und möglichst nahrhaft soll es sein, und das so rasch und praktisch wie möglich. Viele der Rezepte in diesem Buch werden dem gerecht. Ergänzend gibt es andere Rezepte, die etwas mehr Zeit und Aufwand erfordern. Ob einfach oder raffiniert, sie alle sollen das Beste aus einer Zutat herausholen und verschiedene Zubereitungsarten bestmöglich einsetzen. Aber auch das Auge isst mit: Anrichten muss nicht kompliziert und aufwendig sein, doch wir sollten von vornherein daran denken, wie verschiedene Zutaten in Farbe, Textur, Geschmack und Temperatur zusammenwirken. Oft genügen schon frische Kräuter oder geröstete Nüsse für das »gewisse Etwas«.

Ich hole mir gern Anregungen aus den verschiedenen Küchen der Welt. Daher finden Sie in diesem Buch neben japanischen oder indonesischen Kochideen auch italienisch oder karibisch inspirierte Rezepte. Alle sind für die Küche daheim gedacht und auch für Einsteiger leicht nachzukochen. Versierte Hobbyköche finden vielleicht einen neuen Zugang und eine Vielzahl an frischen Ideen zum Ausprobieren.

ÜBER DIESES BUCH

Verschiedene Garmethoden zu kennen gibt Ihnen die Freiheit, zu experimentieren, selbst kreativ zu werden und das Beste aus Ihren Zutaten herauszuholen. Ob roh, gegrillt, gedämpft oder angebraten, entscheidet stark über Geschmack, Textur und Aussehen. Nehmen wir die Zwiebel: Sanftes Köcheln nimmt ihr Schärfe, sie zergeht süß auf der Zunge; angebraten ist sie knusprig-würzig, roh hingegen knackig-scharf.

Die neue vegetarische Küche versammelt sechs wichtige Zubereitungsarten, mit denen Sie herrliche Gerichte zaubern können: Rohkost, Grillen, Braten, Dämpfen, Kochen und Backen. Jede hat ihre Vorteile und Eigenarten. Die meisten Zutaten eignen sich am besten für eine bestimmte Zubereitungsart. Die Grundlagen dafür werden im Anschluss näher erklärt. Die Rezepte sind entsprechend der Zubereitungsart geordnet. Viele Rezepte kombinieren verschiedene Techniken für ein vollendetes Gericht, in diesem Fall ist das Rezept unter seiner Hauptzubereitungsart zu finden.

Dieses Buch will kein Lexikon der Kochtechniken sein, aber diese in ihrer ganzen Bandbreite zeigen. Seien Sie mutig: Spielen Sie mit Konsistenzen, Farben und Geschmack, und Sie werden mit köstlichen fleischlosen Kreationen belohnt. Hier finden Sie auch Tipps zur Zubereitung von Grundzutaten wie Reis und Hülsenfrüchten, und ein praktisches Glossar hilft Ihnen beim Kennenlernen der weniger geläufigen Zutaten.

ROHKOST

Sie sind knackig und frisch, farbenfroh und bieten ganz andere Geschmackserlebnisse als Gekochtes: Rohkostgerichte sind überraschend vielseitig. Durch Marinieren, Zerstoßen, Verrühren, Hacken oder Gefrieren können Sie eine Vielfalt an frischen, bunten und nahrhaften Speisen zaubern. Ob kalte Mandelsuppe mit Knoblauch oder ein herzhafter Cheesecake mit rotem Pfeffer-Koriander-Relish – dieses Kapitel holt das Beste aus rohen Zutaten hervor.

Naheliegend, aber oft vernachlässigt wird die Tatsache, wie sehr Zutaten mit unterschiedlicher Konsistenz und Struktur das Zusammenspiel auf dem Teller beeinflussen können. Eine rohe Karotte wirkt und schmeckt ganz anders, ob sie nun in dicke Scheiben geschnitten oder grob geraspelt, püriert oder entsaftet wird.

Oft liegt die Wirkung in der Experimentierfreude beim Anrichten. Je unterschiedlicher Sie Obst und Gemüse, Nüsse, Samen, Kräuter und Gewürze verarbeiten, desto hübscher ist der Teller.

Viele Speisen in diesem Kapitel folgen den Prinzipien der Rohkosternährung – sämtliche Lebensmittel sind ungekocht oder auf nicht mehr als 40 °C erhitzt. Bei anderen ist die Hauptzutat ungekocht, aber Zutaten wie eingelegte Bohnen oder Käse ergänzen das Gericht und machen es gehaltvoller. Hier wird nicht »gekocht«, sondern Sie erhalten Anregungen für neue Kombinationen und köstliche Rohkostgerichte.

GRILLEN

Beim Grillen, wie es in diesem Buch angewendet wird, werden Speisen im Backofen durch starke, trockene Hitze von oben gegart, sodass sie schnell bräunen oder karamellisieren. Grillen im Backofen ist eine gute Alternative zum Kohlegrill und sorgt ebenfalls für eine rauchige Röstnote.

Wesentlich für ein gutes Ergebnis: die Temperatur und der Abstand des Grillguts von der Wärmequelle. Die trockene, starke Grillhitze ist für viele Gerichte geeignet. Sie rundet Gerichte wie Frittatas oder Tortillas ab, verleiht Gratins und Kuchen eine goldbraune Kruste und eignet sich zum Überbacken ebenso wie für mariniertes Gemüse, Tofu oder Obst. Zudem ist Grillen eine gesunde und fettarme Alternative zum Braten etwa von Burgern.

Einige Käsesorten, wie Halloumi, Mozzarella, Ziegenkäse oder Feta, sind besonders grilltauglich, weil sie weich werden, schmelzen und bräunen, aber nicht zerlaufen. Beim Gemüse zählen Auberginen, Paprikaschoten, Zucchini, Pilze und Tomaten zu meinen Lieblingsgrillsorten. Einfach in dünne Scheiben schneiden, mit Öl bepinseln und grillen, bis sie weich und leicht gebräunt sind. Grillen ist überdies der schnellste Weg, Gemüse im Ofen zuzubereiten.

Auch viele Früchte – mit Ausnahme vielleicht von Beeren – schmecken gegrillt köstlich, weil der natürliche Fruchtzucker [illegible] karamellisiert. Den Backofengrill auf starke Hitze vorheizen, die Früchte vorab mit feinem Zucker oder Honig beträufeln, gleichmäßig auf Backpapier verteilen. Mit etwa 7 cm Abstand zur Hitzequelle grillen, bis die Früchte weich und goldbraun sind – eine köstlich einfache Lösung.

BRATEN

Braten ist eine Zubereitungsart mit vielen Facetten – abhängig von der Ölmenge, der Hitze, der verwendeten Pfanne und davon, wie oft die Zutaten umgerührt oder gewendet werden.

Beim Sautieren werden gleichmäßig kleingeschnittene Stücke in wenig Öl oder Butter scharf angebraten und dabei regelmäßig gewendet, bis sie gebräunt sind. Am besten eignet sich eine große Pfanne mit hochgezogenem Rand. Die Pfanne mit Öl füllen, sodass der Boden bedeckt ist, und bei mittlerer bis starker Hitze erwärmen, bis das Öl sehr heiß ist, aber nicht raucht (oder die Butter zu schäumen beginnt). Ist es zu wenig heiß, saugt sich das Bratgut voll und wird lasch und fettig, statt zu bräunen. Die Zutaten in das heiße Öl geben und wenden, bis sie knusprig sind – wenn sie zu schnell bräunen, die Hitze reduzieren. Öl gemischt mit Butter sorgt für ein feines Aroma. Wählen Sie das Fett passend zu den Zutaten, etwa Olivenöl zu mediterranen Gerichten.

Für Kurzbraten in der Pfanne genügen geringe bis mittlere Hitze und eine moderate Menge an Öl oder Butter. Es eignet sich für gröber geschnittene Zutaten, die kein ständiges Rühren erfordern, sondern nur hin und wieder gewendet werden.

Beim Pfannengrillen wird das Bratgut selbst mit Öl bestrichen, wodurch die typischen Kohlestreifen entstehen und Speisen leicht rauchig schmecken. Wählen Sie möglichst eine Pfanne aus Gusseisen, die hohen Temperaturen standhält, ohne sich zu verziehen. Das Bratgut in die bereits erhitzte Pfanne geben, damit es außen rasch angebraten ist, innen aber saftig bleibt. Gemüse verändert sich beim Braten, ebenso Tofu, Tempeh oder Halloumi, die aber ihre Form beibehalten. Brot ergibt in der Grillpfanne, mit Öl und Knoblauch beträufelt und mit Tomaten belegt, herrliche Bruschettas.

Etwas mehr Fett benötigen Speisen wie Gemüselaibchen oder Burger. Sie werden halbhoch in heißes Öl gelegt und nach der Hälfte der Garzeit gewendet. Saftigkeit und Geschmack bleiben so am besten erhalten. Eine schwere Gusseisenpfanne ist am geeignetsten, weil sie die Hitze gleichmäßig leitet. Die zuerst angebratene Seite sieht zumeist appetitlicher aus und sollte daher beim Anrichten nach oben zeigen.

Beim Frittieren in Öl werden die Speisen vollständig in Öl getaucht. Sie werden außen knusprig goldbraun und innen weich und zart. Sie sollten außen nie fettig und aufgeweicht sein. Diese rasche Zubereitung eignet sich für Donuts, Teigtaschen, Kartoffeln oder Laibchen, aber auch für Paniertes und Backteiggerichte. Wichtig ist die Wahl des richtigen Öls: Sonnenblumen-, Erdnuss- und Rapsöl sind mild und haben einen hohen Rauchpunkt, sind also sehr hitzebeständig und eignen sich daher am besten. Die richtige Temperatur des Öls beim Frittieren stellt sicher, dass die Speisen gar sind, aber nicht verbrennen. Zur Temperaturkontrolle eignet sich ein Küchenthermometer oder alternativ der »Brottest«: Öl erhitzen, bis es fast raucht, und einen Würfel Brot vom Vortag hineingeben. Die Temperatur des Öls ist daran erkennbar, wie schnell das Brot bräunt:

- Geringe Hitze: 60 Sekunden = 170 °C
- Mittlere Hitze: 40 Sekunden = 180 °C
- Starke Hitze: 20 Sekunden = 190 °C

Wählen Sie eine möglichst tiefe, nicht zu breite Pfanne, die Sie zu maximal zwei Dritteln mit Öl füllen. Wenn das Öl heiß ist, den Gittereinsatz einhängen. Erst dann das Bratgut hineinlegen, damit es nicht am Einsatz kleben bleibt. Danach mit einem Sieblöffel herausnehmen und auf Küchenpapier abtropfen lassen. Frittierte Speisen am besten sofort servieren. Zum Warm halten bei offener Backofentür auf einem Backblech in den leicht vorgeheizten Ofen stellen, sodass die Luft zirkulieren kann. Eng geschichtet oder zugedeckt können sie weich und zäh werden.

Pfannenrühren oder Braten im Wok geht rasch und Geschmack, Farbe, Konsistenz und wertvolle Nährstoffe bleiben erhalten. Bei häufiger Verwendung ist ein guter Wok eine sinnvolle und durchaus erschwingliche Anschaffung. Moderne, hochwertige Woks sind aus leichtem Kohlenstoffstahl, einem guten Hitzeleiter, an dem bei häufiger Verwendung und guter Pflege nichts haften bleibt. Woks eignen sich auch zum Herausbraten, Dämpfen und Schmoren. Empfehlenswert ist ein Durchmesser von 30–35 cm.

Beim Pfannenrühren ist gute Vorbereitung alles: Gemüse in etwa gleich große Stücke schneiden, damit sie gleich lange garen, und Flüssigkeiten vor dem Zugeben abmessen. Wählen Sie wie zum Frittieren ein mildes Öl mit hohem Rauchpunkt. Den Wok bei starker Hitze erwärmen und das Öl zufügen. Zutaten, die länger garen, wie Zwiebeln und Karotten, zuerst zugeben, Blattgemüse, Bohnensprossen und Gewürze dagegen zum Schluss, damit das Gericht gleichmäßig durchgegart und warm ist. Statt eines Woks eignet sich auch eine große gusseiserne Bratpfanne.

DÄMPFEN

Dämpfen erhält Struktur, Form und Geschmack der Zutaten, eignet sich aber auch zur Verarbeitung getrockneter Lebensmittel, weil es Feuchtigkeit zuführt. Es ist eine relativ unkomplizierte, schonende Methode und in der asiatischen Küche beliebt. Die Speisen werden in Wasserdampf gegart und es ist keine Zugabe von Fett nötig. Das macht Dämpfen zu einer fettarmen und gesunden Alternative vor allem für empfindliche Zutaten, Obst, Gemüse, aber auch Pudding, Knödel, Getreide oder Teigtaschen aller Art.

Das Garen ohne Druck im Wasserdampf ist eine uralte und bekannte Methode. Dabei werden die Zutaten in einem Kochtopf mit Siebeinsatz über kochendem Wasser zugedeckt erhitzt. Sie garen im aufsteigenden Dampf, ohne mit dem Wasser in Berührung zu kommen. Am besten das Sieb nur halbvoll füllen, damit der Dampf frei zirkulieren kann – die oberste Schicht wird sonst durch herabtropfendes Kondenswasser aufgeweicht und verfärbt. Mehrteilige Bambusdämpfer, wie sie in Asialäden erhältlich sind, eignen sich hier am besten und sind auch im Wok einsetzbar. Vor allem Gemüse, Knödel oder Teigtaschen werden so zubereitet.

Die indirekte Dämpfmethode im Wasserbad ist praktisch für süße und pikante Puddings, Reis und Teiggerichte. Die verschlossene Wasserbadform auf einem umgedrehten Teller in einen großen Topf stellen und diesen mit Wasser füllen, sodass die Form halbhoch bedeckt ist. Die Zubereitung dauert meist länger, da sich die Hitze nur langsam ausbreitet, verleiht Gerichten jedoch eine lockere Konsistenz. Achtung: Den Topfdeckel während der ersten 30 Garminuten nicht lüften, da Puddings durch einen raschen Temperaturabfall zusammensinken können. Achten Sie auch auf die Wasserhöhe und gießen Sie bei Bedarf kochendes Wasser nach.

KOCHEN

Speisen, die köcheln sollen, werden in sprudelnder Flüssigkeit – Wasser, Brühe, Wein oder Saft – sanft gegart. Verschiedene Aromen können sich so verbinden und entfalten, ohne dass individueller Geschmack verloren geht.

Pochieren oder Garziehen, Kochen bei niedriger Temperatur, eignet sich bestens zur Zubereitung von Obst und Gemüse oder auch Eiern. Die Zutaten werden mit

Flüssigkeit bedeckt und bei geringer Hitze gegart (die Flüssigkeit darf nie sprudeln). Diese Garmethode eignet sich für leicht unreifes, nicht aber für überreifes Obst, da dieses beim Garen zerfällt. Gemüse wie Fenchel, Karotten, Kartoffeln, Zucchini und Lauch am besten in Gemüsebrühe garen; so lassen sich leichte Eintöpfe und Suppen prima zubereiten.

Früchte wie Kirschen, Birnen, Pfirsiche oder Aprikosen werden durch Pochieren weich und süßlich. Sie werden mit Zuckersirup, Wein oder Fruchtsaft übergossen und nach Belieben mit Gewürzen wie Zimt, Ingwer, Kardamom oder Vanille verfeinert. Etwas Zitronensaft erhält die Farbe.

Eier zum Pochieren in eine Tasse schlagen. Eine kleine Kasserolle etwa 5 cm hoch mit Wasser füllen. Das Wasser erhitzen, es soll nicht kochen. Das Ei ins Wasser gleiten lassen. (Ein Geheimtipp ist, umzurühren, sodass der Wasserstrudel das Ei gleichmäßig rund formt.) Die Hitze etwas erhöhen, bis das Wasser leichte Blasen wirft, und 2–3 Minuten köcheln lassen, bis das Eiweiß gerinnt, das Eigelb aber noch flüssig ist. Ei mit einem Sieblöffel aus der Tasse nehmen, abtropfen lassen und noch warm servieren.

Dünsten ist ebenso schonend wie Pochieren, benötigt aber weniger Wasser. Es eignet sich zur Verarbeitung von Früchten wie Äpfeln, Rhabarber, Aprikosen oder Pflaumen zu Mus oder Kompott. Das gedünstete Obst anschließend nach Belieben abseihen oder passieren.

Durch Pochieren und Dünsten lässt sich eine reichhaltige Gartenernte rasch in eingemachte Früchte, Kompott oder Konfitüre verwandeln und haltbar machen. Aber auch herzhafte Eintöpfe und Suppen lassen sich so zubereiten. Manche Currys gelingen am besten, wenn sie bei geringer Hitze köcheln. Die Schärfe der Chili und das Zusammenspiel der Gewürze entfalten sich so am besten. Der große Vorteil: Gerichte können fertig vorbereitet und dann kurz vor dem Servieren aufgewärmt werden – die Aromen ziehen ein und machen das Gericht noch schmackhafter.

Beim Schmoren werden Speisen halbhoch mit Flüssigkeit bedeckt und langsam zugedeckt gegart. Sie nehmen einen Großteil des Wassers auf und werden weich und zart. Übrige Flüssigkeit eignet sich gut als Sauce.

Kochen im engeren Sinn – kurz bei starker Hitze garen – sollten Teigwaren und Nudeln aller Art. Gleichmäßig kochendes Wasser vermeidet Verkleben. Auch feste Gemüsesorten wie Kartoffeln und Wurzelgemüse werden durch Kochen weich. Eier sollten nicht stark kochen, da sonst die Schalen brechen, das Eiklar hart und das Eigelb blass wird.

In einigen Rezepten schließlich wird das Gemüse blanchiert, das heißt kurz in kochendem Wasser gegart und unter fließendem kaltem Wasser abgeschreckt. Es kann kurz vor dem Servieren fertig gegart werden.

BACKEN

Nichts ist verführerischer als der Duft von frisch gebackenem Brot. Wie keine andere Zubereitungsart verrät das Backen, wann ein Gericht fertig ist, denn die Küche füllt sich mit wundervollen Aromen.

Backen ist sehr allgemein und weit gefasst definiert. In jedem Fall wird eine Speise bei trockener Hitze im Ofen meist über 150 °C oder Gas Stufe 2 erhitzt. Gebacken werden Brot, Kuchen und Torten, Kekse und Pasteten aller Art. Auch Kartoffeln, Früchte, Eintöpfe, Gratins und Nudelgerichte werden oft im Ofen zubereitet. Braten im Ofen braucht hingegen meist Fett oder Öl. Es verleiht Gerichten eine knusprig goldene Kruste und hält das Innere saftig. Die meisten Bratrezepte sind herzhafte, pikante Speisen – doch auch hier gibt es kreative Ausnahmen.

Kleine Tricks führen beim Backen zum Erfolg: Heizen Sie den Ofen immer vor, so wird das Gericht von Anfang an bei der richtigen Temperatur gegart – und das ist essentiell. Bei Umluftherden hilft ein Blick in die Gebrauchsanweisung für die passende Temperatur. Auch die Größe der Back- oder Bratenform beeinflusst Garzeit und Konsistenz einer Speise – bei Aufläufen und Gratins nebensächlich, bei Kuchen und anderen raffinierteren Backwaren aber das A und O. Sparen Sie nicht bei hochwertigem, widerstandsfähigem Geschirr. Passende Bleche und Formen halten länger, leiten die Hitze besser und verziehen sich bei starker Hitze nicht.

Obst eignet sich gut für Backwaren aller Art, ob süß oder pikant. Durch die Backofenhitze werden die Zellwände aufgeweicht, aber nicht zerstört. Die Früchte trocknen leicht und werden geschmacksintensiver. Fettfreies Trockenrösten macht Früchte haltbar und verleiht intensive Süße. Das Obst wird bei niedriger Hitze längere Zeit erwärmt, was ihm Feuchtigkeit entzieht. Auch eine reiche Tomatenernte kann so einfach verarbeitet werden.

Beim Backen und Rösten ist es wichtig, Gemüse oder Früchte locker anzuordnen und nicht zu schichten. So werden sie goldbraun und karamellisieren leicht, anstatt in der eigenen Flüssigkeit zu zerkochen. Liegen sie zu dicht, wird Feuchtigkeit eingeschlossen und die Früchte weichen auf. Verteilen Sie die Zutaten im Zweifelsfall lieber auf zwei Bleche und tauschen Sie nach der Hälfte der Garzeit das untere gegen das obere Blech aus (außer bei Umluftherden). Früchte mit hohem

Wassergehalt wie Tomaten, Zucchini, Auberginen oder Knoblauch brauchen mehr Platz als etwa Kartoffeln und Wurzelgemüse.

Obst und Gemüse garen auch gut »en papillote«, also in Pergamentpapier, im Backofen. Das erhält die Feuchtigkeit und sorgt für Geschmack.

HÜLSENFRÜCHTE, REIS UND SPROSSEN

Hier finden Sie Hinweise, wie Sie Hülsenfrüchte und Reis am besten zubereiten und wie Sie Samen und Sprossen selbst ziehen können.

HÜLSENFRÜCHTE

Sie sind vielseitig, äußerst nahrhaft und bei fleischloser Ernährung daher besonders wertvoll. Mit Bohnen sind in diesem Buch gekochte Bohnen gemeint – aus der Dose oder selbst vorgekocht. Letzteres braucht zwar mehr Zeit, ist aber günstiger und schmackhafter. Ob getrocknete Bohnen vor dem Kochen quellen sollen, ist Ansichtssache. Zarte Linsen müssen nicht quellen, bei Schälerbsen und anderen Sorten wird jedoch die Kochzeit reduziert, und der so in Gang gesetzte Keimprozess sorgt für mehr Aroma.

Getrocknete Bohnen vor der Zubereitung abspülen und mindestens 4 Stunden oder über Nacht (die Kochzeit ist davon unabhängig) in kaltes Wasser legen. Abgießen, erneut abspülen und in einer Kasserolle etwa 2,5 cm hoch mit kaltem Wasser bedecken. Zum Kochen bringen, etwa 10 Minuten sprudelnd kochen lassen, die Hitze reduzieren und je nach Sorte halb zugedeckt zwischen 45 Minuten und 1½ Stunden weich garen.

Wenn es schneller gehen soll, die Einweichzeit abkürzen: Dazu die getrockneten Bohnen 2 Minuten in kochendes Wasser legen, vom Herd nehmen und etwa 2 Stunden zugedeckt ziehen lassen. Abgießen, abspülen und dann in frischem Wasser kochen wie oben beschrieben. Die Zugabe von Salz oder sauren Zutaten verhindert, dass die Bohnen weich werden. Manche Köche verwenden Backsoda, um das Aufweichen zu beschleunigen, das mindert jedoch den Nährwert.

Getrocknete Hülsenfrüchte gehen beim Kochen etwa auf die doppelte Größe auf und das Gewicht verdoppelt sich. Die Gewichtsangaben in der Zutatenliste der Rezepte beziehen sich auf gekochte Hülsenfrüchte. Wenn Sie getrocknete Produkte verwenden, nehmen Sie die halbe Menge und kochen sie vor. Bohnen aus der Dose abspülen und abtropfen lassen. Eine 425-g-Dose (Abtropfgewicht 250 g) entspricht etwa 150 g getrockneten Bohnen.

REIS

Die Zubereitung ist ebenso individuell wie Sortenwahl und Vorlieben. Der Klassiker für lockeren, körnigen Kochreis ist jedoch die Quellreismethode.

Am besten eignet sich weißer Langkornreis, etwa Basmati. Reis gründlich abspülen, damit er nicht klumpt, in eine Kasserolle mit dickem Boden füllen und mit etwa der 1½-fachen Menge Wasser oder Gemüsebrühe aufgießen, sodass er etwa 1 cm hoch mit Flüssigkeit bedeckt ist. Offen zum Kochen bringen, dann auf geringstmögliche Hitze reduzieren und zugedeckt etwa 10 Minuten köcheln lassen, bis das Wasser aufgekocht ist. Vom Herd nehmen, weitere 10 Minuten ziehen lassen, dann mit einer Gabel lockern.

HÜLSENFRÜCHTE UND SAMEN KEIMEN LASSEN

Gekeimte Bohnen oder Samen sind nahrhaft und machen Speisen aromatisch und knackig. So ziehen Sie Ihre eigenen Keimlinge: Eine große Handvoll getrockneter Mungbohnen, Linsen oder Alfalfa über Nacht in lauwarmes Wasser legen, abspülen und in ein ausgekochtes Einmachglas füllen. Das Glas mit einem Stück Musselin bedecken und mit Gummiband fixieren, dann hell und warm lagern. Glasinhalt zweimal täglich unter fließendem kaltem Wasser abspülen und gut abtropfen lassen. Die Keime sind nach 3–5 Tagen erntebereit und luftdicht verschlossen bis zu 5 Tage im Kühlschrank haltbar.

GLOSSAR

Hier finden Sie eine Auswahl von Zutaten, die in der heimischen Küche unüblich oder für Hobbyköche neu sein mögen.

BERBERITZE – Kleine, dunkelrote getrocknete Beeren mit scharf-säuerlichem Geschmack; in arabischen und persischen Lebensmittelläden erhältlich.
CHIPOTLE-PASTE – Scharfe mexikanische Paste aus getrockneten, geräucherten Jalapeño-Chilischoten. Die getrockneten Schoten eignen sich für Eintöpfe oder werden in heißem Wasser eingeweicht und zu einer Paste verrieben.
CURRYBLÄTTER – Scharfes Gewürz mit kleinen, spitzen Blättern aus der indischen Küche, es gibt sie tiefgefroren oder getrocknet.
DAIKON – Mild schmeckender Riesenrettich aus Ostasien, im englischsprachigen Raum auch als Mooli bekannt.
EINGELEGTE ZITRONEN – In Salzlake eingelegte, oft mit Kräutern und Gewürzen verfeinerte Zitronen sind in der marokkanischen Küche beliebt. Geeignet für Eintöpfe, Tajines oder fein gehackt über Salat.
ENOKI-PILZE – Langstängelige Speisepilze mit kleinen weißen Hüten, die ursprünglich aus Japan stammen und in dichten Büscheln wachsen.
GRANATAPFELSIRUP – Ein dickflüssiger, säuerlich-herber Sirup aus dem Nahen Osten, beliebt in Marinaden und Dressings oder verdünnt als Saft.
HARISSA – Chilipaste aus Piri-Piri-Chilischoten, Tomaten und Gewürzen.
KABOCHA-KÜRBIS – Japanischer Winterkürbis mit dunkelgrüner Schale und süßlichem, leuchtend orangefarbenem Fruchtfleisch.
KETJAP MANIS – Dickflüssige, süßliche Sojasauce aus der indonesischen und malaysischen Küche, mittlerweile in Europa leicht erhältlich. Sie kann durch mit etwas Zucker gesüßte Sojasauce ersetzt werden.
KICHERERBSENMEHL – Auch Besam genannt, in der indischen Küche beliebt. Es verleiht Gerichten besonderen Geschmack und Textur.
MIRIN – Süßer Reiswein, der vor allem in der japanischen Küche für Saucen, Marinaden und Dressings verwendet wird.
NORI – Algenart für Sushi, die zu papierähnlichen Blättern gepresst und dann getrocknet wird. Oft auch in Flockenform zum Bestreuen erhältlich.
QUINOA – Ein eiweißreiches, glutenfreies Getreide, schmeckt mild-herb.
RAMEN-NUDELN – Japanische Nudeln aus Weizenmehl und Ei, oft in einer Suppe gleichen Namens serviert.

RAS-EL-HANOUT – Marokkanische Gewürzmischung, traditionell für Tajines verwendet. Manche Varianten enthalten bis zu 50 Zutaten.
ROHKAKAO – Auch Rohschokolade, im Vergleich zu Schokolade fast unverarbeitet, reich an Antioxidantien und als Pulver oder Bruchstücke erhältlich.
REISPAPIERBLÄTTER – Dünne, getrocknete Fladen aus Reispapier, die vor der Verarbeitung kurz in kochendes Wasser getaucht werden.
SCHWARZE BOHNEN – Schwarze Sojabohnen, fermentiert und gesalzen, erhältlich in der Dose oder getrocknet in Asialäden. Vor der Zubereitung abspülen, getrocknete Bohnen vorher 20 Minuten in heißem Wasser einweichen. Sie werden sehr weich und eignen sich im Ganzen oder gemahlen gut als Ersatz für Schwarze-Bohnen-Sauce aus dem Glas.
SHAOXING-WEIN – Chinesischer gelber Reiswein mit leicht süßlichem Geschmack, erinnert an trockenen Sherry.
SHICHIMI (TOGARASHI) – Japanische Gewürzmischung aus Chilischoten, Orangenschalen, Sansho-Pfeffer, Sesam-, Mohn- und Hanfsamen und Nori.
SOBA-NUDELN – Japanische Nudeln aus Buchweizenmehl oder einer Weizen-Buchweizen-Mischung, kalt oder warm vielfältig verwendet.
SUMACH – Säuerliches Gewürz von rotbrauner Farbe, aus einer im Nahen Osten und Mittelmeergebiet heimischen Beere.
TAMARINDE – Indische Dattel. Bohnenförmige braune Schote, als Paste, gepresstes Fruchtfleisch (oft mit Samen) oder püriert erhältlich. Es verleiht asiatischen, arabischen und karibischen Gerichten ihr süßsaures Aroma.
TEMPEH – Indonesisches Produkt aus fermentierten Sojabohnen, die ähnlich wie Käse reifen. Es ist fest und schmeckt herzhaft-nussig.
TOFU – Wird aus gemahlenen Sojabohnen hergestellt und ist in mehreren Formen erhältlich, von festem Tofu bis zum cremig-geschmeidigen Seidentofu. Abura Age sind frittierte Tofuscheiben zum Füllen.
UME-WÜRZE – Scharf-herbes Gewürz als Abfallprodukt aus der Einlegeflüssigkeit japanischer Ume-Pflaumen.
VEGETARISCHE FISCHSAUCE – Meist eine Mischung aus Sojabohnen, Salz, Zucker, Chili und Zitronensäure, erhältlich in Thai- und Vietnam-Shops.
WAKAME – Japanisches Würzmittel aus getrockneter Braunalge. Wird Wasser zugesetzt, wird die Alge geschmeidig und schmeckt mild nach Gemüse.
WASABI – Scharfe Würze aus japanischem Meerrettich.

Knackig-frische, kreative, aber einfache Rezeptideen, in denen rohe Zutaten in all ihrer Vielfalt zur Geltung kommen. Ob eingeweicht, mariniert, gemischt, in hauchdünne Streifen, Stifte oder Nudeln geschnitten – hier werden verlockende Kombinationen von Geschmack, Textur und Farbe gezaubert.

ROHKOST

Rote-Bete-Carpaccio mit Ziegenkäse und Orangen-Balsamico-Vinaigrette, Seite 24

VIETNAMESISCHE REISPAPIERROLLEN MIT ERDNUSS-NUOC CHAM

Nuoc Cham ist die klassische Dipsauce zu vielen pikanten Snacks und Vorspeisen in Vietnam. Traditionell wird sie aus scharfen, süßen, salzigen und sauren Aromen gemischt – ein vielseitiger Begleiter, der Gerichten wie diesen leckeren Gemüse-Reisrollen Geschmack verleiht.

FÜR 4–6 PERSONEN

6 Frühlingszwiebeln, gehackt
1 gelbe Paprikaschote, entkernt und in dünne Streifen geschnitten
1 Karotte, in Stifte geschnitten
75 g Chinakohl, fein gehackt
2 EL Ingwer, geschält und fein gehackt
2 Knoblauchzehen, zerdrückt
2 Handvoll Bohnensprossen
2 EL süße Chilisauce
2 EL helle Sojasauce
2 TL Sesamöl
24 mittelgroße Reispapierblätter
4 lange Schnittlauchhalme
100 g Enoki-Pilze, geputzt und in 4–6 Sträußchen geteilt

NUOC CHAM

½ kleine Gurke, geputzt und gewürfelt
1 Knoblauchzehe, zerdrückt
2 TL Palmzucker oder brauner Zucker
1 Bird-Eye-Chilischote (Piri Piri), fein gehackt
2 EL vegetarische Fischsauce
Saft von 1 Limette
2 EL helle Sojasauce
1 EL geröstete Erdnüsse, grob gehackt

1 Frühlingszwiebeln, Paprika, Karotte, Chinakohl, Ingwer, Knoblauch und Bohnensprossen in einer großen Rührschüssel vermischen. In einer kleinen Schüssel Chili- und Sojasauce mit dem Sesamöl verrühren. Das Gemüse mit der Sauce übergießen und alles gut vermischen.

2 Wasser aufkochen und in eine hitzebeständige Schüssel gießen. Für jede Rolle 2 Reispapierblätter übereinanderlegen (sie zerreißen leicht beim Füllen) und für 20 Sekunden im heißen Wasser einweichen, bis sie milchig und elastisch werden. Mit einem Küchenspatel aus der Schüssel holen, kurz abtropfen lassen und auf einem Teller aufbreiten. 1 Löffel von der Gemüsemischung in der Mitte verteilen. Das untere Ende über der Fülle einschlagen, dann das Reispapier von rechts nach links so einrollen, dass oben eine Spitze offen bleibt. Die Menge ergibt 12 Reispapierrollen.

3 Jedes Enoki-Sträußchen mit einem Schnittlauchhalm umwickeln.

4 Für die Sauce alle Zutaten vermischen und die Sauce auf 4 kleine Schälchen verteilen.

5 Pro Person 2–3 Reispapierrollen anrichten, zusammen mit einem Sträußchen Enoki-Pilze und einem Schälchen Dipsauce servieren.

CASHEW-KÄSETRIO

Aus gequollenen, pürierten Cashews wird ein herrlich cremig-weicher »Käse«, verfeinert mit Knoblauch, Zitrone, Kräutern und Nüssen.

FÜR 4 PERSONEN

300 g Cashewkerne
½ TL Salz
Pfeffer aus der Mühle
1 Knoblauchzehe, zerdrückt
1 EL Zitronensaft
1 große Prise geräuchertes Paprikapulver
5 EL geschälte Pistazien, fein gehackt
5 EL gemischte gehackte Kräuter, z. B. Thymian, Oregano und Schnittlauch
Cracker zum Anrichten

1 Die Cashewkerne in einer Schüssel mit warmem Wasser mindestens 2 Stunden quellen lassen, dann abgießen und mit 180 ml Wasser in einem Mixer oder einer Küchenmaschine zu einem groben Brei zerkleinern. (Soll der »Käse« weicher werden, etwas mehr Wasser zugeben und grob pürieren.) Mit Salz und Pfeffer würzen.

2 Die Nussmischung in 3 gleiche Portionen teilen. Eine davon mit Knoblauch, Zitronensaft und Paprika vermengen und in ein Schüsselchen füllen. Gehackte Pistazien auf einen Teller geben, aus der zweiten Portion Käse mit der Hand teelöffelgroße Kugeln formen und in den Pistazien wenden. Aus der dritten Portion Käse eine Rolle formen und in den Kräutern wenden. Den Cashew-Käse zusammen mit Crackern oder pikanten Keksen servieren.

NEKTARINEN-BASILIKUM-SALAT MIT BABYMOZZARELLA UND VERJUS-DRESSING

Verjus ist ein aus unreifen Trauben gepresster Saft und eine erfrischende Dressing-Alternative zu Zitronensaft oder Weinessig. Statt Babymozzarella einfach eine große Mozzarellakugel in Scheiben schneiden. Schmeckt am besten mit knusprigem Brot.

FÜR 4 PERSONEN

3 EL Pinienkerne
3 Nektarinen, halbiert, entsteint und in Spalten geschnitten
300 g Babymozzarella-Kugeln, abgetropft
1 Handvoll Basilikumblätter, grob gerissen

VERJUS-DRESSING

3 EL Olivenöl
1 EL Verjus
Salz und Pfeffer aus der Mühle

1 Die Pinienkerne in einer Pfanne ohne Fett bei mittlerer Hitze 3–4 Minuten rösten und gelegentlich wenden, bis sie leicht bräunen. (Achtung, Nüsse verbrennen schnell!) Vom Herd nehmen und beiseite stellen.

2 Für das Dressing alle Zutaten in einer kleinen Schüssel verrühren und mit Salz und Pfeffer würzen.

3 Die Nektarinenspalten auf einem Teller oder in einer flachen Schüssel anrichten und mit Mozzarella belegen. Mit Basilikumblättern bestreuen und mit Dressing beträufeln. Den Salat mit Pinienkernen verzieren und frisch servieren.

ROTE-BETE-CARPACCIO MIT ZIEGENKÄSE UND ORANGEN-BALSAMICO-VINAIGRETTE

FÜR 4 PERSONEN
2 EL Orangensaft
½ TL Balsamicoessig
4 EL Olivenöl
¼ TL Salz
1 Rote-Bete-Knolle, geschält
½ TL Zitronensaft
2 gehäufte Handvoll gemischte Blattsalate, z. B. Rucola und Brunnenkresse
100 g Ziegenkäse, in feine Scheiben geschnitten
2 EL Kürbiskerne
Pfeffer aus der Mühle

1 Orangensaft, Balsamico, Öl und Salz in eine Schüssel geben und mit einem Handrührgerät zu einer dicken Sauce vermischen.
2 Mit einem scharfen Messer oder einem Gemüsehobel die Rote Bete in hauchdünne Scheiben schneiden. In eine Schüssel geben, mit Zitronensaft übergießen und knapp mit Wasser bedecken.
3 Die Blattsalate auf 4 Teller verteilen. Die Rote-Bete-Scheiben abgießen und auf jedes Salatbett Rote-Bete- und Ziegenkäsescheiben übereinander schichten. Mit Kürbiskernen bestreuen und mit Vinaigrette beträufeln. Mit Pfeffer würzen und den Salat servieren.

WRAPS MIT OLIVENPASTE, GORGONZOLA UND PINIENKERNEN

FÜR 4 PERSONEN
3 EL Pinienkerne
4 große Mehrkorn-Tortillas
1 gehäufte Handvoll Babyspinat, die holzigen Stiele entfernt
1 kleine rote Paprikaschote, entkernt und in dünne Streifen geschnitten
70 g milder Gorgonzola, entrindet und in kleine Stücke geschnitten
Salz und Pfeffer aus der Mühle

OLIVENPASTE
85 g schwarze Oliven ohne Kern
1 Knoblauchzehe
2 EL natives Olivenöl extra
1 EL Zitronensaft
2 EL gehackte Petersilie

1 Für die Olivenpaste Oliven und Knoblauch in einer Küchenmaschine grob hacken. Olivenöl und Zitronensaft zugeben und mixen, bis ein grobes Mus entsteht. In eine Schüssel füllen, mit Salz und Pfeffer abschmecken und Petersilie unterheben.
2 Die Pinienkerne in der Pfanne ohne Fett bei mittlerer Hitze 3–4 Minuten rösten, dabei gelegentlich wenden, bis sie leicht bräunen. Aus der Pfanne nehmen und beiseite stellen. Je 2 Tortillas in der Pfanne bei mittlerer Hitze etwa 20 Sekunden erwärmen und dabei wenden.
3 Je 1 TL Olivenpaste in einem Streifen in der Mitte jeder Tortilla verteilen und mit Spinatblättern, Paprika, Gorgonzola und Pinienkernen belegen. Mit Salz und Pfeffer würzen, die Fladen einrollen und die äußeren Spitzen der Rollen einschlagen, dann in der Mitte diagonal auseinanderschneiden und die Wraps servieren.

GEEISTE MANDELSUPPE MIT OBST-OLIVEN-SPIESSEN

In Spanien ist der *Ajo Blanco* eine klassische Vorspeise zum Weihnachtsessen. Diese Version der kalten Knoblauchsuppe wird mit einem gemischten Spieß aus Äpfeln, Oliven und Trauben zum Eintunken serviert.

FÜR 4 PERSONEN

4 dicke Scheiben Weißbrot, ohne Rinde
200 g geschälte Mandeln
3 Knoblauchzehen, zerdrückt
1 TL Salz
150 ml natives Olivenöl extra
3 EL Verjus oder Weißweinessig
1 grüner Apfel
1 EL Zitronensaft
16 grüne Trauben
12 grüne Oliven ohne Kern
Eiswürfel zum Anrichten

1 Das Weißbrot etwa 10 Minuten in Wasser einweichen. Inzwischen die Mandeln in einer Küchenmaschine fein hacken, dann Knoblauch, Salz, Olivenöl, Verjus und 250 ml Wasser zugeben.

2 Aus dem eingeweichten Brot mit den Händen so viel Wasser wie möglich herausdrücken, das Brot zur Mandelmasse in die Küchenmaschine geben und mixen, bis eine cremig-geschmeidige Masse entsteht. Weitere 250 ml Wasser zugeben und wieder mixen. Die Mischung zugedeckt mindestens 2 Stunden kühl stellen.

3 Kurz vor dem Servieren die Spieße vorbereiten: Den Apfel schälen, entkernen und in mundgerechte Stücke schneiden. Die Stücke in Zitronensaft wenden, damit sie nicht braun werden. Die Apfelstücke abwechselnd mit je 4 Trauben und 3 Oliven auf die 4 Spieße stecken. Die Suppe auf 4 Schüsseln verteilen (mit etwas Wasser verdünnen, wenn sie sehr dickflüssig ist) und einige Eiswürfel zugeben. Mit je einem Spieß verzieren und die Suppe sofort servieren.

KOHLRABI-MANGO-SEETANGRÖLLCHEN MIT KRÄUTERN

Sushi selbst zu machen klingt aufwendig? Diese Seetangröllchen erfordern weder komplizierte Rolltechniken noch spezielle Küchengeräte. Die weichen Nudeln kontrastieren herrlich mit der knusprig-leichten Schärfe der Kohlrabi und der fruchtigen Süße frischer Mango.

FÜR 4 PERSONEN

50 g Vermicelli-Reisnudeln
1 EL Ume-Würze oder Reisweinessig
4 Blatt Nori, geviertelt
4 TL Wasabi-Paste
16 große Basilikumblätter
½ Mango, geschält, entsteint und in Streifen geschnitten
100 g Kohlrabi oder Weißrübe, geschält und in Stifte geschnitten
2 Frühlingszwiebeln, in Scheiben geschnitten
Blätter von einigen Korianderzweigen

PFLAUMEN-DIP

4 EL süßsaure Pflaumensauce
2,5 cm Ingwerwurzel, geschält und in feine Stifte geschnitten

1 Für den Dip die Pflaumensauce mit Ingwerstücken und 4 EL warmem Wasser in einer kleinen Schüssel verrühren.

2 Die Nudeln in eine Schüssel füllen und mit kochendem Wasser bedecken. Gut umrühren, damit die Nudeln nicht zusammenkleben, und zugedeckt in 5–7 Minuten weich ziehen lassen Die Nudeln abgießen und abschrecken, dann zurück in die Schüssel geben. Ume-Würze zufügen und die Nudeln darin wenden.

3 Für die Nori-Röllchen jedes Nori-Viertel mit etwas Wasabi bestreichen und ein Basilikumblatt darauflegen. Je 1 TL Nudeln darauf verteilen, dabei den unteren Rand zum Einrollen der Spitze freilassen. Die Nudeln mit je 1 Streifen Mango, 4 Kohlrabistücken, einem Ring Frühlingszwiebel und einigen Korianderblättern belegen. Dann jedes Blatt zwischen den Fingern zu einem Tütchen rollen. Den äußeren Rand mit Wasser befeuchten und zum Verschließen leicht andrücken. Die Seetangröllchen zusammen mit dem Pflaumen-Dip servieren.

VIETNAMESISCHE TOFU-MANGO-SALATSCHÜSSELCHEN

FÜR 4 PERSONEN

250 g fester Räuchertofu
16 große Salatblätter (am besten Romanesco)
1 Mango, geschält, entsteint und mit dem Gemüseschäler in schmale Streifen geschnitten
1 kleine Salatgurke, in dünne, 2,5 cm lange Scheiben geschnitten
1 Handvoll Minzeblätter, gehackt
1 Handvoll Korianderblätter, gehackt
2 EL grob gehackte, geröstete Erdnüsse
1 Prise Salz

CHILI-LIMETTEN-DRESSING

2 EL vegetarische Fischsauce
4 EL Limettensaft
1 rote Chilischoten, in dünne Ringe geschnitten
1 kleine Knoblauchzehe, gehackt
1 TL feiner Zucker

1 Für das Dressing alle Zutaten in einer kleinen Schüssel vermischen.

2 Den Tofu mit trockenem Küchenpapier abtupfen, dann in etwa 1 cm breite Scheiben schneiden.

3 Salatblätter auf 4 Teller verteilen. Jedes Salatschüsselchen gleichmäßig mit Mangostücken, Gurke und Tofu belegen. Mit Minze und Koriander bestreuen, salzen und mit einem Löffel das Dressing darüberträufeln. Den Salat mit Erdnussstücken garniert servieren.

AVOCADOSALAT MIT ROTER BETE UND RETTICH-DRESSING

FÜR 4 PERSONEN

2 EL Sonnenblumenkerne
2 EL Kürbiskerne
1 Avocado
200 g junger Mischsalat
1 Rote Bete, geschält und grob gerieben
1 kleine Handvoll Alfalfa- und Broccolisprossen

RETTICH-DRESSING

2 EL Olivenöl
1 EL Zitronensaft
1 EL Apfelessig
1 EL Sahne-Meerrettich
1 EL Sahne
Salz und Pfeffer aus der Mühle

1 Sonnenblumen- und Kürbiskerne in der Pfanne ohne Fett 3–5 Minuten rösten und gelegentlich wenden, bis sie goldbraun sind. (Achtung, sie können rasch verbrennen!) Vom Herd nehmen und beiseite stellen.

2 Für das Dressing alle Zutaten mit 1 TL warmem Wasser verrühren, mit Salz und Pfeffer würzen.

3 Die Avocado halbieren, entsteinen, das Fruchtfleisch herauslösen und würfeln.

4 Eine Servierplatte mit Salatblättern auslegen und Rote Bete, Avocado und Sprossen darauf verteilen. Mit dem Dressing beträufeln, mit den gerösteten Kernen bestreuen und den Salat sofort servieren.

MEXIKANISCHER GAZPACHO

Diesem kalten spanischen Klassiker verleihen Limette, Koriander und Tequila einen mexikanischen Touch. Am besten schmeckt er mit vollreifen Tomaten – sie sollten schön aromatisch duften.

FÜR 4 PERSONEN

2 Scheiben Weißbrot vom Vortag, ohne Rinde
1 kg Tomaten
1 Salatgurke, geschält, entkernt und gehackt
1 rote Paprikaschote, entkernt und gehackt
1–2 Jalapeño-Chilischoten, entkernt und fein gehackt
2 Knoblauchzehen
1 EL gehackte Oreganoblätter
2 EL Olivenöl
1–2 EL Tequila
Saft von 2 Limetten
Salz
Eiswürfel zum Anrichten

AVOCADO-SALSA

1 Avocado
1 TL Limettensaft
½ kleine rote Zwiebel, fein gehackt
4 EL gekochte schwarze Bohnen
2 EL gehackte Korianderblätter

1 Das Weißbrot in 150 ml kaltem Wasser etwa 5 Minuten einweichen. Inzwischen die Tomaten in eine Schüssel geben, mit kochendem Wasser übergießen und 30 Sekunden ziehen lassen, dann abgießen. Die Tomaten schälen, entkernen und das Fruchtfleisch kleinschneiden.

2 Die halbe Menge an Brot, Tomaten, Gurken, Paprika, Chilischoten, Knoblauch, Oregano, Olivenöl, Tequila und Limettensaft in eine Küchenmaschine geben. Zusammen mit etwa 270 ml Wasser mixen, bis die Zutaten gut vermischt, aber noch stückig sind. In eine große Schüssel füllen. Das Ganze mit der anderen Hälfte der Zutaten wiederholen. Alles verrühren und mit Salz und Pfeffer abschmecken. Zugedeckt 2–3 Stunden kühl stellen.

3 Kurz vor dem Servieren die Salsa vorbereiten. Dazu die Avocado halbieren, entsteinen und das Fruchtfleisch mit einem großen Löffel herauslösen, fein würfeln und in eine Schüssel füllen. Limettensaft, rote Zwiebel, Bohnen und Korianderblätter unterrühren.

4 Die Suppe in Teller gießen, Eiswürfel zugeben und mit einem großen Klecks Salsa anrichten. Sofort servieren.

NUDELN MIT GEMÜSESPAGHETTI UND MISO-DRESSING

Das Erfolgsgeheimnis dieses bunten Salats: Das Gemüse wird in sehr feine Streifen oder Stifte geschnitten. Dadurch entfalten sich die Aromen der verschiedenen Sorten und sie nehmen das Dressing optimal auf.

FÜR 4 PERSONEN

225 g Vermicelli-Reisnudeln
1 EL Sesamsamen
1 Zucchini
1 große Karotte
100 g Daikon, geschält
100 g Rotkohl
5 Frühlingszwiebeln, in feine Scheiben geschnitten
1 gehäufter EL Nori-Flocken
1 Handvoll Basilikumblätter, klein gerissen
1 Handvoll Korianderblätter, gehackt
1 kleine Handvoll Radieschensprossen
Salz und Pfeffer aus der Mühle

MISO-DRESSING

3 EL gelbe Miso-Paste
3 EL Reisweinessig
2 TL helle Sojasauce
3 TL Sesamöl
2 EL Sonnenblumenöl
1 TL englisches Senfpulver
2 EL geschälte und sehr fein gehackte Ingwerwurzel

1 Die Nudeln in eine hitzebeständige Schüssel füllen und mit kochendem Wasser übergießen. Umrühren, damit die Nudeln nicht kleben, und zugedeckt in etwa 5 Minuten weich ziehen lassen. Abgießen, unter kaltem Wasser abschrecken, zurück in die Schüssel geben und mit kaltem Wasser bedeckt beiseite stellen.

2 Inzwischen Sesamsamen in der Pfanne ohne Fett bei mittlerer Hitze 3–4 Minuten rösten, bis sie leicht bräunen, und gelegentlich wenden. (Achtung, die Samen verbrennen sehr leicht!) Vom Herd nehmen und beiseite stellen.

3 Zucchini, Karotte und Daikon in lange, dünne Streifen oder feine Stifte schneiden, am besten mit einem Gemüsehobel, einer feinen Reibe oder einem Obstmesser.

4 Für das Dressing Miso und Reisessig mit 1 TL Wasser glatt rühren. Sojasauce, Sesam- und Sonnenblumenöl unterrühren, Senfpulver und Ingwer unterheben und mit Salz und Pfeffer abschmecken.

5 Die Nudeln abgießen und in eine Servierschüssel geben. Mit der Hälfte des Dressings übergießen und mit den Händen wenden, damit sich das Dressing gut verteilt. Zucchini-, Karotten- und Daikonstreifen, Rotkohl, Frühlingszwiebel, Nori-Flocken und die Hälfte der Basilikum- und Korianderblätter gut unterheben. Mit dem übrigen Dressing beträufeln, mit den übrigen Kräutern, Sesamsamen und Radieschensprossen anrichten und das Ganze sofort servieren.

GEFÜLLTE TOMATEN MIT BOHNENMUS, MOZZARELLA UND CHIMICHURRI

Chimichurri ist eine argentinische Knoblauch-Kräutersauce, eine Art schärferes Pesto, und gibt Gerichten Würze und Schwung. Getrocknete, eingeweichte Bohnen eignen sich ebenso wie Bohnen aus der Dose. Burrata gilt als der bessere Mozzarella und ist hier eine cremige Alternative.

FÜR 4 PERSONEN

4 Ochsenherz-Tomaten
400 g Cannellini-Bohnen aus der Dose, abgegossen und abgespült
2 EL natives Olivenöl extra, plus Öl zum Beträufeln
Saft von 1 Zitrone
1 kleine rote Zwiebel, gewürfelt
70 g schwarze Oliven ohne Kern, grob gehackt
175 g Mozzarella, abgetropft und in mundgerechte Stücke zerteilt
2 Zucchini, geputzt
2 EL gehackte Minzeblätter
Salz und Pfeffer aus der Mühle

CHIMICHURRI

1 große Handvoll Petersilienblätter, fein gehackt
2 große Knoblauchzehen, zerdrückt
125 ml Olivenöl, plus Öl zum Beträufeln
3 EL Sherryessig oder Rotweinessig
2 TL getrockneter Oregano
1 TL gemahlener Kreuzkümmel
½ TL getrocknete Chiliflocken
½ TL Salz
4 EL gehackte Korianderblätter

1 Von den Tomaten die Kuppe abschneiden und die Tomaten aushöhlen. Mit der offenen Seite nach unten auf einen Teller legen und abtropfen lassen.

2 Für das Chimichurri alle Zutaten in einer Schüssel verrühren, dann beiseite stellen.

3 Die Bohnen in eine kleine Rührschüssel füllen und mit einer Gabel oder einem Kartoffelstampfer grob zerkleinern. Olivenöl, Zitronensaft, Zwiebel und Olivenstücke unterheben und mit Salz und Pfeffer abschmecken.

4 Eine schmale Scheibe vom Boden der Tomaten abschneiden, damit sie eben stehen. Die ausgehöhlten Tomaten mit der Bohnenmischung fast vollfüllen, mit Mozzarellastücken belegen und mit dem Löffel die Chimichurri-Sauce darauf verteilen.

5 Mit dem Gemüsehobel oder der Reibe die Zucchini der Länge nach in schmale Scheiben schneiden. Mit etwas Olivenöl beträufeln und mit Minze bestreuen, mit etwas Salz und Pfeffer abschmecken. Die Zucchinischeiben auf oder neben den Tomaten drapieren und das Ganze servieren.

FATTOUSH MIT LABNEH UND EINGELEGTEN ZITRONEN

Labneh, ein cremiger Frischkäse aus dem Nahen Osten, ist – mit einigen Vorbereitungen am Vortag – problemlos zu Hause herstellbar. Er ist einige Experimente wert: aromatisiert mit gepresstem Knoblauch, gehackten Kräutern oder gemahlenen Gewürzen oder in der Blitzversion mit einer kürzeren Abtropfzeit von 6–8 Stunden. Die doppelte Menge, zu esslöffelgroßen Kugeln gerollt, ergibt etwa 15 Stück. In einem großen ausgekochten Einmachglas, in Olivenöl eingelegt, sind sie bis zu einer Woche haltbar.

FÜR 4 PERSONEN

1 großes Pita-Brot
6 Tomaten, halbiert, entkernt und in mundgerechte Stücke geschnitten
1 kleine Salatgurke, der Länge nach geviertelt, entkernt und in mundgerechte Stücke geschnitten
1 große rote Paprikaschote, entkernt und in mundgerechte Stücke geschnitten
1 kleine rote Zwiebel, in dünne Ringe geschnitten
4 EL gehackte Minzeblätter
4 EL gehackte Petersilienblätter
Kerne von ½ Granatapfel, ausgelöst (optional)

LABNEH

250 g griechischer Joghurt
½ TL Salz

DRESSING MIT EINGELEGTEN ZITRONEN

1½ eingelegte Zitronen
5 EL natives Olivenöl extra
1 EL Zitronensaft
½ TL Sumach oder Kreuzkümmel, gemahlen
Salz und Pfeffer aus der Mühle

1 Für den Labneh ein Sieb mit einem Stück Käsetuch (Musselin) auslegen und eine mittere Rührschüssel darunterstellen. Joghurt mit Salz verrühren und in das Tuch füllen, dann das Tuch zu einem Bündel verknoten und im Sieb über der Schüssel etwa 24 Stunden kühl stellen. Gelegentlich ausdrücken, damit die Flüssigkeit austritt.

2 Für das Dressing die Zitronenschale vom Fruchtfleisch lösen und die Schalen fein hacken. In einer kleinen Schüssel Olivenöl und Zitronensaft verrühren, Sumach und Zitronenschale unterheben und mit Salz und Pfeffer würzen.

3 Das Pitabrot waagrecht einschneiden, aufbreiten und in einer Pfanne ohne Öl oder unter dem Backofengrill in einigen Minuten knusprig werden lassen. Etwas abkühlen lassen, dann in mundgerechte Stücke reißen.

4 Tomaten, Gurke, Paprika, Zwiebel, Minze- und Basilikumblätter in eine große flache Schüssel füllen. Mit dem Dressing übergießen und gut vermengen. Granatapfelkerne und Pita-Croutons darüberstreuen.

5 Den Joghurt aus dem Käsetuch nehmen; er sollte weich, aber fest sein. Grob zerkrümeln, auf dem Salat verteilen und diesen sofort servieren.

PIKANTER CHEESECAKE MIT PAPRIKA-KORIANDER-RELISH

Ein knackiges Relish aus gehackten rotem Paprika- und Chilischoten und roten Zwiebeln sorgt hier für ein Farbenspiel und den pikanten Geschmack. Es bildet einen köstlich herben Gegensatz zu dem cremig-milden Cheesecake.

FÜR 4–6 PERSONEN

150 g gehackte, geröstete Haselnüsse
50 g Cashewkerne
12 Haferkekse in Stücken
50 g zerlassene Butter
300 g Doppelrahm-Frischkäse
100 g Ricotta
100 g Feta, fein gehackt
2 Eier, Eigelb und Eiweiß getrennt
2 TL edelsüßes Paprikapulver
Salz und Pfeffer aus der Mühle

PAPRIKA-KORIANDER-RELISH

2 rote Paprikaschoten, entkernt und gewürfelt
2 grüne Chilischoten, entkernt und gewürfelt
1 kleine rote Zwiebel, gewürfelt
1 große Handvoll Korianderblätter, grob gehackt
Saft von 1 Limette
Salz

1 Haselnüsse und Cashews in einer Küchenmaschine fein hacken. Haferkeks-Stücke zugeben und alles fein krümelig mahlen, die Mischung dann in eine Schüssel geben, mit Salz und Pfeffer würzen und die zerlassene Butter unterheben. Alles zu einer Masse verrühren und den Boden einer flachen, antihaftbeschichteten Springform von etwa 20 cm Durchmesser (alternativ kleine runde Springförmchen) damit auslegen. Etwa 30 Minuten kühl stellen.

2 In einer großen Schüssel Frischkäse, Ricotta, Feta, Eigelb und die Hälfte des Paprikapulvers vermengen und mit Salz und Pfeffer würzen. In einer weiteren sauberen Schüssel das Eiweiß schaumig schlagen, dann unter die Käsemischung heben. Die Käsemischung auf dem Kuchenboden verteilen und glattstreichen. Zugedeckt etwa 2 Stunden kühl stellen, bis die Masse fest ist.

3 Für das Relish alle vorbereiteten Zutaten verrühren und mit Salz abschmecken.

4 Vom Cheesecake den Formrand lösen, auf dem Formboden stehen lassen. Mit dem übrigen Paprikapulver bestreuen, in Tortenstücke schneiden und die Cheesecakes mit je einem gehäuften Löffel Relish servieren.

APFEL-FENCHEL-SALAT MIT WALNÜSSEN

Ein Gemüsehobel zählt oft nicht zur Standardausstattung, ist aber das ideale Werkzeug, um Gemüse in hauchdünne Scheiben zu schneiden.

FÜR 4 PERSONEN

30 g Walnusskerne
2 EL natives Olivenöl extra
2 EL Zitronensaft
1 TL Ganzkornsenf
4 EL saure Sahne
150 g Rotkohl, fein geschnitten
1 kleine Fenchelknolle, quer in feine Scheiben geschnitten
1 grüner Apfel, entkernt und längs in Scheiben geschnitten
2 EL gehackte Petersilie
Salz und Pfeffer aus der Mühle

1 Den Backofen auf 180 °C vorheizen. Walnüsse auf einem Backblech verteilen und 6–8 Minuten rösten, dann aus dem Ofen nehmen und beiseite stellen.

2 Inzwischen in einer kleinen Schüssel Olivenöl und Zitronensaft verquirlen, dann Senf und saure Sahne unterheben. Mit Salz und Pfeffer würzen.

3 Rotkohl, Fenchel, Apfel und Petersilie in einer Rührschüssel mischen, mit dem Dressing übergießen und gut verrühren, damit sich das Dressing verteilt. Mit Walnusskernen bestreuen und den Salat sofort servieren.

RÜBEN-RADIESCHEN-SALAT MIT DILL UND SENFDRESSING

Dieser knackige Wintersalat beweist, dass Wurzelgemüse als Rohkost ebenso köstlich schmeckt wie gekocht – wenn nicht noch besser.

FÜR 4 PERSONEN

150 g Weißrüben, geschält
10 Radieschen, geputzt
150 g Knollensellerie, geschält und grob gerieben
2 EL kleine Kapern, abgegossen und abgespült
1 EL gehackter Dill

SENFDRESSING

5 EL natives Olivenöl extra
2 EL Apfelessig
2 TL Dijon-Senf
1 große Knoblauchzehe, geschält und halbiert
Salz und Pfeffer aus der Mühle

1 Für das Dressing alle Zutaten gut verquirlen und mit Salz und Pfeffer würzen.

2 Radieschen und Rüben mit dem Gemüsehobel oder einem scharfen Obstmesser in feine Scheiben schneiden. In einer Salatschüssel mischen, Sellerie zugeben und vermischen. Die Kapern darüberstreuen.

3 Aus dem Dressing die Knoblauchzehe entfernen und das Dressing über den Salat träufeln. Den Salat mit Dill bestreut servieren.

ERBSEN-BOHNEN-SPROSSENSALAT MIT RUCOLA

Hülsenfrüchte steigern ihren Nährwert durch Keimen um ein Vielfaches: Sie enthalten etwa 60 Prozent mehr Vitamin C. Viele Sprossenarten sind im Supermarkt erhältlich – testen Sie, welche Sie am liebsten mögen. Sprossen lassen sich problemlos zu Hause im Keimglas ziehen – oder sogar im Marmeladeglas (siehe Seite 15).

FÜR 4 PERSONEN

4 EL natives Olivenöl extra
2 EL Zitronensaft
1 TL Dijon-Senf
3 EL gehackter Knoblauchschnittlauch oder gewöhnlicher Schnittlauch
3 EL gehackte Basilikumblätter
100 g Rucola
100 g Erbsensprossen
50 g Kefe (Zuckererbsen), geputzt und dünn geschnitten
1 kleine Handvoll gemischte Bohnensprossen
1 kleine rote Zwiebel, in Ringe geschnitten
Salz und Pfeffer aus der Mühle

1 Für das Dressing Olivenöl, Zitronensaft und Senf in einer kleinen Schüssel verrühren. Schnittlauch und Basilikum unterheben und mit Salz und Pfeffer würzen.

2 Rucola, Erbsensprossen und Zuckererbsen in einer Schüssel vermischen. Mit Bohnensprossen und Zwiebelringen garnieren, das Dressing darüber verteilen und den Salat sofort servieren.

ORIENTALISCHER KRAUTSALAT

FÜR 4 PERSONEN

85 g Weißkohl, fein geschnitten
85 g Rotkohl, fein geschnitten
2 Karotten, gerieben
4 Frühlingszwiebeln, in feine Ringe geschnitten
3 EL gehackte Minzeblätter
3 EL gehackte Basilikumblätter

SESAM-INGWER-DRESSING

2,5 cm Ingwerwurzel, geschält und gerieben
2 EL Olivenöl
4 TL dunkles Sesamöl
2 EL Reisweinessig
Salz und Pfeffer aus der Mühle

1 Für das Dressing den geriebenen Ingwer in der Hand über einer Schüssel auspressen und den Saft auffangen, das Ingwerfruchtfleisch entfernen. Den Saft mit den übrigen Zutaten für das Dressing verquirlen und mit Salz und Pfeffer würzen.

2 Rot- und Weißkohl, Karotten, Frühlingszwiebeln, Minze und Basilikum in einer Salatschüssel vermischen. Das Dressing gut unterheben und den Salat am besten bei Zimmertemperatur servieren.

SCHOKO-KARAMELL-PARFAIT MIT AHORNSIRUP

Dieses herrlich einfache Rezept ist verführerisch cremig und gekrönt von gefrorenen Trauben. Eine ungewöhnliche Kombination? Trauben verändern gefroren ihre Konsistenz und erhalten einen edlen Eisschleier – sie sind nicht nur dekorativ, sondern auch kleine, fruchtige Eislutscher.

FÜR 8–10 PERSONEN

3 Eier, Eigelb und Eiweiß getrennt
125 g feiner Zucker
2 EL Ahornsirup
300 g Sahne
100 g Milchschokolade mit Toffee- oder Karamellfüllung, fein gehackt
8–10 Rispen Weintrauben zum Garnieren

1 Eine Kastenform (etwa 1 Liter) mit zwei Lagen Frischhaltefolie auslegen und ausreichend Überhang zum Bedecken der Form belassen. In einer großen Schüssel Eigelb, Zucker und Ahornsirup locker schaumig schlagen. In einer weiteren Schüssel die Sahne steif schlagen, in einer dritten das Eiweiß zu Schnee schlagen. Die geschlagene Sahne unter die Eigelbmischung heben, anschließend den Eischnee unterrühren, sodass eine lockere Masse entsteht.

2 Etwa ein Drittel der gehackten Schokolade gleichmäßig auf dem Formboden verteilen und mit der Hälfte der Sahnemischung bedecken. Mit einem weiteren Drittel der Schokolade und der übrigen Sahnemischung wiederholen und den Rest der Schokolade gleichmäßig darüberstreuen. Mit der überhängenden Frischhaltefolie abdecken und 4–6 Stunden gefrieren lassen, bis die Masse fest ist.

3 Von den Weintrauben 1 Rispe pro Person waschen, ohne sie von der Rispe zu nehmen, auf einem Backblech verteilen und 1–2 Stunden tiefkühlen, bis sie gefroren sind.

4 Trauben und Parfait aus dem Tiefkühlschrank nehmen und vor dem Servieren 10 Minuten ruhen lassen. Die Folienabdeckung lösen und das Parfait auf eine Servierplatte stürzen. Die Frischhaltefolie abziehen und das Parfait in Stücke schneiden. Jede Portion mit gefrorenen Trauben garnieren und das Parfait sofort servieren.

VANILLE-CHEESECAKES MIT BROMBEEREN IN CASSIS

FÜR 4 PERSONEN
100 g Brombeeren
2 EL Crème de Cassis
225 g Doppelrahm-Frischkäse
40 g Puderzucker
2 TL Vanilleextrakt
4 EL Sahne

HASELNUSS-TEIGBODEN
Sonnenblumenöl für die Form
60 g geröstete, gehackte Haselnüsse
25 g großblättrige Haferflocken
2 TL natives Kokosöl, zerlassen, wenn es zu fest ist
1 EL Agavendicksaft oder Ahornsirup

1 Die Brombeeren in eine Schüssel geben und mindestens 30 Minuten im Likör ziehen lassen.

2 Inzwischen 4 Dessertringe von etwa 6 cm Durchmesser leicht einfetten und auf ein Backblech stellen. Haselnüsse mit den Haferflocken in einer Küchenmaschine krümelig mahlen. Kokosöl und Agavendicksaft zugeben und gut vermengen. Die Masse auf die Dessertringe verteilen und mit einem Teelöffel gleichmäßig festdrücken, anschließend kühl stellen.

3 Während die Teigböden kühlen, für die Füllung Frischkäse, Puderzucker, Vanille und Sahne zu einer dicken Masse schlagen. Die Mischung auf den Teigböden verteilen und glattstreichen. Etwa 1 Stunde kühl stellen, bis die Masse fest ist.

4 Zum Anrichten jedes Törtchen mit einem Messer von den Dessertringen lösen und auf einen Teller legen. Jedes Törtchen mit Brombeeren garnieren, mit etwas Cassis-Saft beträufeln und sofort servieren.

KALTES APRIKOSEN-MANDEL-PANFORTE

Rohkakao (oder Rohschokolade) gilt als eine Wunderfrucht der Natur und ist äußerst nahrhaft. Hier wird er mit Nüssen, Samen und getrockneten Früchten kombiniert zu einer köstlichen, gesunden Nascherei.

FÜR 8 RIEGEL
25 g grob gehackte geschälte Mandeln
25 g grob gehackte geröstete Haselnüsse
50 g großblättrige Haferflocken
2 EL Kürbiskerne
2 EL Sonnenblumenkerne
150 g ungeschwefelte getrocknete Aprikosen, grob gehackt
100 g Rosinen
5 EL frisch gepresster Orangensaft
2 EL Rohkakaopulver
2 EL Rohkakao-Bruchstücke

1 Mandeln, Haselnüsse, Haferflocken, Kürbis- und Sonnenblumenkerne in einer Küchenmaschine fein hacken. Die Mischung in eine Rührschüssel geben.

2 Aprikosen, Rosinen und Orangensaft in einer Küchenmaschine pürieren, bis eine geschmeidige Paste entsteht. Bei Bedarf die Mischung vom Rand des Mixbehälters lösen, damit sie gleichmäßig zerkleinert wird. Das Fruchtmus unter die Nussmischung heben, Rohkakaopulver und -Bruchstücke unterrühren.

3 Eine Back- oder Auflaufform (etwa 25 x 18 cm) mit Backpapier oder Frischhaltefolie auslegen. Die Nuss-Frucht-Mischung darauf verteilen und mit einem Spachtelmesser gleichmäßig zu einer etwa 1 cm dicken Schicht verstreichen. Eine Stunde kühl stellen, dann in 8 Riegel aufschneiden und servieren.

MELONEN-WODKA-GRANITA MIT GRANATAPFELKERNEN

Erfrischend und prickelnd, wenn auch nicht jugendfrei – dieses Eisdessert kommt bei sommerlichen Abendessen bestens an. In Eistütenförmchen oder Backpapiertütchen gefroren, wird es zum futuristischen Blickfang.

FÜR 4–6 PERSONEN
1,5 kg Wassermelone
70 g feiner Zucker
5 EL Wodka
1 EL Zitronensaft
fein abgeriebene Schale von ½ unbehandelten Limette
Granatapfelkerne zum Anrichten

1 Die Wassermelone in Spalten schneiden, schwarze Kerne und Schale entfernen. Das Fruchtfleisch grob würfeln und in einem Mixer pürieren. Das Melonenmus durch ein Sieb in eine Schüssel treiben, Zucker zugeben und verrühren, bis sich der Zucker auflöst. Wodka und Zitronensaft unterrühren.

2 Die Masse in 4 oder 6 kleine (tütenförmige) Eisförmchen oder in eine tiefkühlfeste Frischhaltebox (1 Liter) mit Deckel füllen. Mit Frischhaltefolie oder Deckel verschließen und 3–4 Stunden gefrieren lassen.

3 Etwa 15 Minuten vor dem Servieren aus dem Tiefkühlschrank nehmen, damit die Masse weich wird. Vorsichtig aus den Förmchen lösen oder mit der Gabel portionieren und in Dessertgläser füllen. Mit Limettenschale und Granatapfelkernen anrichten und die Granita sofort servieren.

MANGO-KULFI MIT FRISCHEN BEEREN

FÜR 8 PERSONEN
KULFI
1 große reife Mango, geschält und entsteint
1 TL Vanilleextrakt
400 ml Kondensmilch
60 ml gezuckerte Dosenmilch

Sonnenblumenöl für die Form
2 EL ungesalzene Pistazien, gehackt
Silberstreusel zum Anrichten (optional)
250 g gemischte Beeren (z. B. Brombeeren, rote Johannisbeeren, Himbeeren und Erdbeeren)

1 Für das Kulfi, eine indische Eiscreme, Mango, Vanilleextrakt, Kondens- und Dosenmilch in einem Mixer oder einer Küchenmaschine zu einer geschmeidigen Masse rühren.

2 8 Pudding- oder Becherförmchen (à 150 ml) oder eine tiefkühlfeste Frischhaltebox (1 Liter) leicht einölen. Die Kulfi-Mischung in die Förmchen oder Box füllen und mit Frischhaltefolie oder Deckel verschließen. 1 Stunde gefrieren lassen, dann mit der Gabel umrühren, um etwaige Eisbröckchen zu lösen. Glattstreichen und weitere 3 Stunden gefrieren lassen, bis die Mischung gefroren ist.

3 Die Förmchen oder Box etwa 15 Minuten vor dem Servieren aus dem Tiefkühler nehmen. Mit dem Messer die Masse vom Förmchenrand lösen und mit einer leichten Schüttelbewegung auf eine Servierplatte stürzen. Alternativ die Förmchen für einige Sekunden in eine Schüssel mit heißem Wasser stellen, damit sich die Masse leichter löst.

4 Kulfi mit gehackten Pistazien bestreuen und nach Belieben mit Silberstreuseln dekorieren. Sofort servieren und die Beeren dazu reichen.

ORANGENTRÜFFEL MIT DATTELN UND ROHKAKAO

ERGIBT 18 STÜCK
50 g geschälte Mandeln
50 g Cashewkerne
100 g getrocknete Datteln, entkernt und grob gehackt
3 EL Orangensaft
abgeriebene Schale von 1 unbehandelten Orange
1 EL Agavendicksaft oder Honig
3 EL Rohkakaopulver, plus etwas zum Garnieren
Samen von 2–3 grünen Kardamomkapseln
55 g Kokosraspel zum Garnieren

1. Mandeln und Cashews in einer Küchenmaschine mahlen und in eine Rührschüssel geben, dann Datteln in der Küchenmaschine zu einer dicken Masse pürieren. Bei Bedarf gelegentlich die Masse vom Rand des Mixbehälters lösen. Das Dattelmus mit den Nüssen verrühren, Orangensaft und -schale, Agavendicksaft und Rohkakao zugeben und vermengen.
2. Die Kardamomsamen in einem Mörser zerstampfen, in die Schüssel zugeben und gut verrühren, bis eine zähe Masse entsteht.
3. Rohkakaopulver auf einen Teller streuen. Aus der Dattelmischung 9 teelöffelgroße Portionen zu Kugeln formen und im Kakao wälzen.
4. Einen zweiten Teller mit Kokosflocken füllen. Aus der übrigen Masse 9 Kugeln formen und in Kokos wälzen. Die Trüffel kaltstellen. Die Trüffel mit Rohkakaopulver bestreuen und servieren.

INDISCHER JOGHURT MIT HEIDELBEEREN

Für dieses cremige süße Joghurtdessert – Shrikhand – wird Joghurt entwässert und mit Safran verfeinert, wodurch er eine goldgelbe Farbe erhält. Schneller geht es mit griechischem Joghurt, der ohne abzutropfen mit Sahne gemischt und gleich verarbeitet werden kann.

FÜR 4 PERSONEN
500 g Naturjoghurt
8 Safranfäden
2 EL warme Milch
100 g Sahne
4 EL feiner Zucker
1 Vanilleschote, halbiert und das Mark ausgekratzt
1 TL Zimt
40 g Bitterschokolade
½ TL frisch gemahlener Muskat
150 g Heidelbeeren

1. Ein Sieb mit einem Stück Käsetuch (Musselin) auslegen und eine Schüssel unterstellen. Joghurt in das Tuch füllen und die Enden zu einem Bündel verknoten. Etwa 3 Stunden oder über Nacht stehen lassen, damit die Molke abtropft, dabei gelegentlich auspressen, damit die Molke austritt.
2. Safranfäden 15 Minuten in warmer Milch einlegen. Den entwässerten Joghurt, Sahne und Zucker in einer Rührschüssel verquirlen, bis eine dicke Masse entsteht. Vanillemark, Zimt und die Safranmischung unterheben und die Masse auf 4 kleine Gläser oder Schüsseln verteilen. 30 Minuten kühl stellen.
3. Inzwischen die Schokolade mit einem Gemüseschäler in feine Streifen hobeln. Schokolade und Muskat über die Joghurtmasse streuen und sofort servieren. Dazu die Heidelbeeren reichen.

ERDBEER-SYLLABUB MIT MARSALAWEIN

Für dieses traditionelle englische Dessert wird die Sahne nur locker cremig geschlagen. Erdbeeren und Marsalawein passen perfekt dazu.

FÜR 4 PERSONEN

500 g Erdbeeren, gewaschen und geputzt
4 TL Puderzucker
2 EL feiner Zucker
3 EL Marsalawein oder Sherry (Medium Dry)
300 g Sahne

1 Von den Erdbeeren 4 Stück für die Garnierung beiseitelegen. Den Rest in einem Mixer zu einer geschmeidigen Masse pürieren, dann durch ein Sieb streichen, um die Kerne zu entfernen. Puderzucker unterheben.

2 Zucker, Marsala und 1 TL heißes Wasser in einer großen Schüssel verrühren, bis sich der Zucker auflöst. Sahne zugeben und mit einem Schneebesen cremig schlagen.

3 Je einen großen Löffel Erdbeermus in hohe Gläser oder Dessertschüsseln füllen und mit der Sahnemischung bedecken. Eine weitere Schicht Mus und Sahne auftragen (unterschiedlich dicke Schichten sehen besonders gut aus). Im Kühlschrank in 30 Minuten fest werden lassen. Die Creme mit Beeren garniert servieren.

ANANAS-SORBET MIT ZITRONENGRAS-MINZ-CRUSH

Ein erfrischendes Dessert, besonders nach einem würzig-scharfen Hauptgang. Mit geschlagenem Eiweiß wird die Masse besonders luftig.

FÜR 4 PERSONEN

1 große Ananas, geputzt und in Stücke geschnitten (etwa 500 g Fruchtfleisch), sowie Saft, wenn vorhanden
55 g Ingwerwurzel, geschält und gerieben
40 g in Sirup eingelegter Ingwer (Abtropfgewicht), fein gehackt, sowie 1 EL Sirup
4 EL Vollrohrzucker
1 Eiweiß

ZITRONENGRAS-MINZ-CRUSH

1 Handvoll Minzeblätter, gehackt
1 Zweig Zitronengras, äußere Blätter entfernt, fein gehackt
70 g Vollrohrzucker

1 Ananas (wenn vorhanden mit Saft) in einer Küchenmaschine zu einem groben Mus pürieren. In eine Rührschüssel füllen.

2 Den geriebenen Ingwer mit der Hand über der Rührschüssel ausdrücken und das trockene Fruchtfleisch entfernen. Eingelegten Ingwer, Ingwersirup und Zucker zugeben und gut verrühren. Die Mischung in eine Sorbetière oder einen tiefkühlfesten Frischhaltebehälter (1 Liter) füllen, zudecken und 2 Stunden gefrieren lassen.

3 In einer weiteren Schüssel das Eiweiß zu lockerem Schnee schlagen. Die Sorbetmischung aus dem Tiefkühlschrank nehmen und bei Bedarf mit einer Gabel umrühren, um Eisbröckchen zu lösen. Eiweiß unterheben und das Sorbet erneut 3–4 Stunden tiefkühlen, bis es gefroren ist.

4 Das Sorbet etwa 20 Minuten vor dem Servieren herausnehmen. Minze in einem Mörser zerkleinern, Zitronengras zugeben und alles zu einer groben Paste vermengen. Zucker zugeben und zerstoßen, bis alles gut vermischt ist. Das Sorbet in Eisbechern anrichten und mit Zitronengras-Minz-Crush bestreut servieren.

Grillen im Backofen verleiht Speisen ein köstliches Röstaroma. Die starke Hitze lässt den natürlichen Zucker in Obst und Gemüse karamellisieren, und viele Käsesorten erhalten eine süßliche Note. Ob goldbraune Frittata, Tortilla, herzhafte Burger oder knusprig-süße Desserts. die Rezepte in diesem Kapitel bieten Gegrilltes in seiner ganzen Vielfalt.

GRILLEN

Warmer Spargelsalat mit Halloumi und dicken Bohnen in Chipotle-Dressing, Seite 58

QUESADILLAS MIT SCHWARZEN BOHNEN, CHILI UND MOZZARELLA

FÜR 2 PERSONEN

1 EL Olivenöl, plus Öl zum Bestreichen
1 rote Zwiebel, gehackt
1 Knoblauchzehe, gehackt
1 rote Paprikaschote, entkernt und in Streifen geschnitten
1 Jalapeño-Chilischote, entkernt und fein gehackt
400 g schwarze Bohnen aus der Dose, abgegossen
2 große weiche Tortilla-Fladen
50 g Mozzarella, abgetropft und in Scheiben geschnitten
Salz und Pfeffer aus der Mühle

1 Öl in einer großen antihaftbeschichteten Pfanne bei mittlerer Hitze erwärmen und darin die Zwiebel in 8–10 Minuten glasig anschwitzen. Knoblauch, Paprika und Chili zugeben und weitere 2 Minuten garen, dabei gelegentlich umrühren. Bohnen unterrühren und kurz erwärmen, dann alles mit einer Gabel grob zerdrücken.

2 Den Backofengrill auf mittlere Stufe vorheizen und eine Grillpfanne mit Alufolie auslegen. Die Bohnenmischung auf einem der beiden Tortilla-Fladen verteilen, mit Mozzarella belegen und mit dem zweiten Fladen bedecken. Entlang des Randes leicht festdrücken, damit die Füllung nicht herausfällt, und den Deckel mit Öl bestreichen.

3 Quesadilla in 4–5 Minuten goldbraun und knusprig grillen, mit einem Pfannenwender wenden und weitere 4 Minuten grillen. In Stücke schneiden und warm servieren.

MARINIERTER TOFU MIT PAPRIKA-MAIS-SALAT

FÜR 4 PERSONEN

2 Maiskolben, Blätter entfernt
1 TL geräuchertes Paprikapulver
2 große Handvoll Rucola
1 große Handvoll Blattspinat
Blätter von 3 Korianderzweigen
Blätter von 3 Minzzweigen
4 Tomaten, entkernt und gewürfelt
2 Fladenbrote oder Tortillas

MARINIERTER TOFU

1 EL Balsamicoessig
1 EL Olivenöl, plus Öl zum Bestreichen
2 EL flüssiger Honig
2 EL Tomatenketchup
1 EL helle Sojasauce
250 g fester Tofu, in 8 Scheiben geschnitten

DRESSING

3 EL natives Olivenöl extra
1 EL Apfelessig
1 kleine Knoblauchzehe, zerdrückt
Salz und Pfeffer aus der Mühle

1 Für den Tofu Balsamico mit Olivenöl, Honig, Ketchup und Sojasauce in einer Schüssel verrühren. Tofu darin wenden und mindestens 30 Minuten marinieren lassen.

2 Inzwischen für das Dressing Olivenöl mit Apfelessig in einer kleinen Schüssel verquirlen. Knoblauch zugeben und mit Salz und Pfeffer würzen.

3 Den Backofengrill auf starke Stufe vorheizen und ein Grillgitter mit Öl bestreichen. Maiskolben einölen und mit Paprikapulver bestäuben. Etwa 20 Minuten grillen und gelegentlich wenden, bis der Mais weich und leicht gebräunt ist. Beiseite stellen und abkühlen lassen. Den marinierten Tofu in 20 Minuten goldbraun grillen, dabei einmal wenden und nochmals mit Marinade bestreichen.

4 Während der Tofu gart, Rucola, Spinat, Koriander und Minze in eine Salatschüssel geben und mit dem Dressing gut vermischen. Von den Maiskolben die Körner abschaben und in den Salat streuen, Tomatenwürfel zugeben. Salat auf 4 Tellern anrichten und mit je 2 Scheiben Tofu belegen.

5 Die Fladenbrote mit etwas Öl bestreichen und in 2 Minuten knusprig grillen, dann mit Salz bestreuen und in Stücke schneiden. Den Salat servieren und das Fladenbrot dazu reichen.

TEMPEH-TIKKA-SPIESSE MIT MANGO-DIP

Sie sind längst nicht so aufwendig, wie es aussieht: Die meisten Zutaten sind abgepackt und leicht erhältlich, und die Tikka-Marinade ist in ein paar Minuten gerührt. Tempeh, ein indonesisches Sojaprodukt, eignet sich gut für Spieße, weil es nicht zerfällt und Würze gut annimmt. Holzspieße sollten 30 Minuten in Wasser eingelegt werden, damit sie beim Grillen nicht verbrennen.

FÜR 4 PERSONEN

400 g Tempeh (aus dem Asia- oder Bioladen)
150 g stichfester Naturjoghurt (z. B. griechischer Joghurt)
4 EL Mango-Chutney
1 gehäufter TL geschälter, geriebener Ingwer

TIKKA-PASTE

2 TL gemahlener Koriander
2 TL gemahlener Kreuzkümmel
2 TL Kurkumapulver
2 TL gemahlener Ingwer
1 EL edelsüßes Paprikapulver
½ TL scharfes Chilipulver
2 EL Sonnenblumenöl
3 Knoblauchzehen, zerdrückt
1 EL Tamarindenpaste
3 EL stichfester Naturjoghurt (z. B. griechischer Joghurt
Salz

RADIESCHENSALAT

1 rote Zwiebel, in dünne Ringe geschnitten
1 kleine Salatgurke, längs in dünne Scheiben geschnitten
8 Radieschen, in feine Scheiben geschnitten
Limettensaft zum Abschmecken
1 kleine Handvoll Korianderblätter

1 Tempeh 10 Minuten dämpfen, damit er weich wird und die leichte Bitterkeit verliert. Aus dem Dampfgarer nehmen und in 32 etwa 2 cm große Würfel schneiden. Für die Tikka-Paste alle Zutaten mit 2 EL Wasser in einer flachen Schüssel anrühren. Tempeh darin wenden und mindestens 1 Stunde marinieren lassen.

2 Den Backofengrill auf starke Stufe vorheizen und eine Grillpfanne mit Alufolie auslegen. Auf 8 Spieße je 4 Würfel Tempeh stecken und die Spieße 8–10 Minuten grillen, dabei gelegentlich wenden, bis der Tempeh goldbraun ist.

3 Inzwischen Joghurt mit Mango-Chutney und Ingwer in einer kleinen Schüssel zu einer Dipsauce verrühren.

4 Für den Salat Zwiebel, Gurke und Radieschen in einer flachen Schüssel vermischen und etwas Limettensaft darüberpressen. Mit Salz abschmecken und mit Korianderblättern bestreuen. Die fertigen Spieße mit Salat und Dipsauce anrichten und sofort servieren.

RÄUCHERKÄSE-TARTINES MIT BIRNEN-CHUTNEY

FÜR 4 PERSONEN
4 dicke Scheiben Vollkornbrot mit Kruste
150 g geräucherter Cheddar, gerieben
2 Eier, leicht geschlagen
2 TL körniger Senf
Salz und Pfeffer aus der Mühle
Birnen-Chutney (siehe Seite 180) zum Anrichten

1 Den Backofengrill auf mittlere Stufe vorheizen und das Brot darin auf einer Seite anrösten.

2 Für den Belag Cheddar, Eier und Senf verrühren und mit Salz und Pfeffer würzen. Die ungeröstete Brotseite mit der Käsemischung bestreichen und die Brote auf die Grillpfanne legen. Etwa 7 Minuten grillen, bis der Käse goldbraun ist und Blasen wirft. Die Tartines mit einem großzügigen Löffel Birnen-Chutney anrichten und sofort servieren.

THAI-TOFUKÜCHLEIN MIT CHILI-DIP

FÜR 4 PERSONEN
500 g fester Tofu, trockengetupft und grob gerieben
3 große Knoblauchzehen, fein gehackt
2 rote Chilischoten, entkernt und fein gehackt
2 Zweige Zitronengras, die äußeren Blätter entfernt und fein gehackt
2 Kaffir-Limettenblätter, fein gehackt
4 cm Ingwerwurzel, geschält und grob gerieben
4 Frühlingszwiebeln, fein gehackt
4 EL gehackte Korianderblätter, plus einige zum Garnieren
Eiweiß von 1 Ei (Größe L)
4 EL Mehl (Type 550)
Salz und Pfeffer aus der Mühle
Sonnenblumenöl zum Bestreichen

CHILI-DIP
4 EL Mirin
4 EL Reisweinessig
2 Frühlingszwiebeln, in Ringe geschnitten
1 EL feiner Zucker
2 rote Chilischoten, entkernt und fein gehackt
[illegible] EL gehackte Korianderblätter

1 Für den Chili-Dip in einer kleinen Schüssel alle Zutaten gut vermischen.

2 Den geriebenen Tofu mit den Händen ausdrücken, damit die Flüssigkeit austritt, und in eine Rührschüssel geben. Knoblauch, Chili, Zitronengras, Limettenblätter, Ingwer, Frühlingszwiebeln, Korianderblätter, Eiweiß und Mehl zugeben, mit Salz und Pfeffer würzen und gut verrühren. Die Mischung zu 16 gleich großen Küchlein formen und zugedeckt 30 Minuten kühl stellen, damit sie fest werden.

3 Den Grill auf starke Stufe vorheizen und eine Grillpfanne mit Alufolie auslegen. Jedes Tofuküchlein mit Öl bestreichen und auf jeder Seite in 5–7 Minuten goldbraun grillen, bei Bedarf in mehreren Durchgängen. Die Küchlein mit den übrigen Korianderblättern bestreuen und zusammen mit der Chilisauce warm servieren.

AUBERGINE-KÄSE-ROLLEN MIT BASILIKUM

FÜR 4 PERSONEN
2 Auberginen, geputzt und längs in je 6 Scheiben geschnitten
100 ml Olivenöl
3 EL Pinienkerne
200 g Scamorza (geräucherter italienischer Frischkäse), in 8 Scheiben geschnitten
4 große Tomaten, in je 4 Scheiben geschnitten
8 große Basilikumblätter
Balsamicoessig zum Beträufeln
Salz und Pfeffer aus der Mühle

1 Den Backofengrill auf starke Stufe vorheizen und eine Grillpfanne mit Alufolie auslegen. Äußerste Scheiben der Aubergine entfernen und die übrigen reichlich mit Öl bestreichen. In etwa 12 Minuten zart und goldbraun grillen, dazwischen einmal wenden und bei Bedarf mit mehr Öl bestreichen.
2 Inzwischen die Pinienkerne in einer Pfanne ohne Öl bei niedriger bis mittlerer Hitze etwa 3–4 Minuten rösten, dabei gelegentlich wenden. (Achtung, sie verbrennen schnell!)
3 In die Mitte jeder Auberginenscheibe je 1 Scheibe Scamorza, 2 Scheiben Tomaten und 1 Basilikumblatt legen, salzen und pfeffern. Die Auberginen einrollen, mit der Naht nach unten in die Grillpfanne legen und 5 Minuten grillen, bis der Käse schmilzt.
4 Die Rollen mit etwas Olivenöl und Balsamico beträufeln und mit Pinienkernen garniert servieren.

TOMATEN-ARTISCHOCKEN-CROSTINI MIT OLIVEN

Die Brotscheiben für Crostini am besten diagonal schneiden: Das sieht nicht nur hübsch aus, auch die Belegfläche ist größer. Die Crostini mit Knoblauch einreiben, während sie noch warm sind – so verschmilzt der Knoblauch mit dem Brot und hat einen zarten, angenehmen Geschmack.

FÜR 4 PERSONEN
1 kleine rote Zwiebel, fein gehackt
4 Tomaten, halbiert, entkernt und gewürfelt
16 schwarze Oliven ohne Kern, fein gehackt
10 geröstete Artischockenherzen, halbiert
2 EL gehackte Petersilienblätter
2 EL gehackte Basilikumblätter
2 EL natives Olivenöl extra
8 dicke Scheiben Ciabatta oder anderes lockeres Weißbrot
1 große Knoblauchzehe, halbiert
2 Ziegenkäse-Kugeln à 90 g, in Scheiben geschnitten
Salz und Pfeffer aus der Mühle

1 Den Backofengrill auf starke Stufe vorheizen. In einer großen Schüssel Zwiebel, Tomaten, Oliven und Artischocken mit Petersilie und Basilikum verrühren. Olivenöl zugeben, mit Salz und Pfeffer würzen und gut vermischen.
2 Die Brotscheiben unter dem Grill beidseitig goldbraun und knusprig rösten. Jede Scheibe auf einer Seite mit den Knoblauchhälften (Schnittfläche nach unten) einreiben und mit Ziegenkäse belegen. Die Brote 3–4 Minuten grillen, bis der Käse schmilzt, dann herausnehmen.
3 Ein Häufchen der Tomatenmischung auf jede Brotscheibe setzen und die Crostini warm servieren.

WARMER SPARGELSALAT MIT HALLOUMI UND DICKEN BOHNEN IN CHIPOTLE-DRESSING

Halloumi schmeckt warm am besten und sollte deshalb erst kurz vor dem Servieren zubereitet werden. Chipotles, geräucherte Jalapeño-Chilis, verleihen Gerichten eine angenehme Schärfe. Hier sorgen sie als Paste für den köstlichen Rauchgeschmack in Marinade und Dressing.

FÜR 4 PERSONEN

4 TL Chipotle-Chilipaste
5 EL natives Olivenöl extra
375 g Halloumi-Grillkäse, trockengetupft und in Scheiben geschnitten
20 Spargelstangen, geputzt
900 g dicke Bohnen in der Hülse, ausgelöst
2 EL gehackte Petersilie
3 EL gehackte Korianderblätter
4 Handvoll Rucola
1 kleine rote Zwiebel, in dünne Ringe geschnitten
75 g eingelegte getrocknete Tomaten, das Öl abgegossen, bei Bedarf halbiert
1 kleine Knoblauchzehe, zerdrückt
2 EL Zitronensaft
Salz und Pfeffer aus der Mühle

1. Den Backofengrill auf starke Stufe vorheizen und eine Grillpfanne mit Alufolie auslegen. Chipotle-Paste mit 3 EL Olivenöl in einer flachen Schüssel verquirlen. Die Halloumischeiben darin wenden und zum Marinieren beiseite stellen.
2. Spargel mit 1 TL Öl bestreichen und in 5–7 Minuten weich und zart grillen, dabei einmal wenden. Herausnehmen und beiseite stellen, den Grill aber nicht ausschalten.
3. Inzwischen die Bohnenkerne in 3–5 Minuten weich kochen, abgießen und mit kaltem Wasser abschrecken. Die Kerne aus der Haut lösen, diese entfernen und die Bohnen in einer Schüssel mit Petersilie und Koriander vermischen.
4. Die Rucolablätter sowie die Zwiebelringe und Tomatenstücke auf 4 Teller verteilen.
5. Halloumi aus der Marinade nehmen und auf jeder Seite etwa 3 Minuten grillen. Die Marinade mit dem übrigen Olivenöl, Knoblauch und Zitronensaft verrühren und mit Salz und Pfeffer würzen. Über die Bohnen gießen und gut vermischen. Die Bohnenmischung auf dem Salat anrichten, mit Halloumischeiben und Spargel belegen und das Ganze warm servieren.

GEGRILLTE CHAMPIGNONS MIT KICHERERBSENMUS UND AUBERGINENSCHNITZEL

Beim Grillen verlieren Champignons kein Wasser, und sie bleiben saftig und schmackhaft. Die Panade aus Parmesan und Matzenmehl der gegrillten Auberginenscheiben verleiht dem Gericht eine knusprige Note.

FÜR 4 PERSONEN
4 EL Olivenöl
2 EL Balsamicoessig
4 große Zuchtchampignons, die Stiele entfernt
1 Aubergine, längs in 6 Scheiben geschnitten, die äußersten Scheiben entfernt
50 g Parmesan, fein gerieben
6 EL feines Matzemehl (alternativ Semmelbrösel)
Salz und Pfeffer aus der Mühle

SALSA VERDE
15 g Basilikumblätter, plus 4 Blätter zum Garnieren
1 große Knoblauchzehe, zerdrückt
4 EL Olivenöl
1 EL Zitronensaft

KICHERERBSENMUS
1 EL Olivenöl
2 Knoblauchzehen, zerdrückt
400 g gekochte Kichererbsen
100 ml Milch

1 Zunächst für die Salsa verde Basilikum, Knoblauch, Olivenöl und Zitronensaft in einer Küchenmaschine zu einer geschmeidigen Masse mixen, mit Salz und Pfeffer würzen.

2 Den Grill auf starke Stufe vorheizen und eine Grillpfanne mit Alufolie auslegen. Olivenöl und Balsamico in einer Schüssel verrühren und die Pilze auf der Lamellenseite damit bestreichen. Etwa 5 Minuten mit den Lamellen nach oben grillen, dann die Oberseite bestreichen und in weiteren 5 Minuten weich grillen. Die Pilze zum Warmhalten in Alufolie wickeln.

3 Inzwischen für das Kichererbsenmus Olivenöl in einer Pfanne bei geringer Hitze erwärmen und den Knoblauch darin 1 Minute anbraten. Kichererbsen und Milch zugeben, erwärmen und dann vom Herd nehmen. Grob zerstampfen und mit Salz und Pfeffer abschmecken. Zum Warmhalten zudecken.

4 Auberginenscheiben auf einer Seite mit der Essig-Öl-Mischung bestreichen. Parmesan und Matzemehl auf einem Teller vermischen, mit Salz und Pfeffer würzen und die Auberginenseiten mit der eingeölten Seite in die Mischung tauchen. Mit der panierten Seite nach oben in etwa 5 Minuten goldbraun und knusprig grillen, dann auf der anderen Seite mit der Ölmischung bestreichen, mit Panade bestreuen und weitere 5 Minuten grillen.

5 Zum Anrichten je 1 Pilz mit der Unterseite nach oben auf einen Teller legen und mit Kichererbsenmus füllen. Die panierten Auberginenscheiben darauf anrichten. Jede Aubergine mit einem Basilikumblatt garnieren, zum Anrichten Salsa verde auf den Teller träufeln und das Ganze sofort servieren.

SPANISCHER AUFLAUF

Geräuchertes Paprikapulver aus getrocketen, gemahlenen Samen roter Chilis ist ein typisches Gewürz der spanischen Küche und verleiht Gerichten eine herzhaft scharfe Rauchnote.

FÜR 4 PERSONEN

250 g Blattspinat, harte Stiele entfernt
2 EL Olivenöl
1 große Zwiebel, gehackt
2 große Knoblauchzehe, gehackt
1 rote Paprikaschote, entkernt und gehackt
625 ml passierte Tomaten
1 EL Tomatenmark
2 TL getrockneter Oregano
1–2 TL geräuchertes Paprikapulver (nach Geschmack)
8 Eier
70 g reifer Cheddar, gerieben
Salz und Pfeffer aus der Mühle
2 EL gehackte Petersilie zum Anrichten

KNOBLAUCH-BRUSCHETTA

200 g Ciabattawecken, quer halbiert und dann geviertelt
Olivenöl zum Bestreichen
2 Knoblauchzehen, halbiert

1 Den Spinat in 3–4 Minuten weich dämpfen, bis er zusammenfällt, Flüssigkeit ausdrücken.

2 Olivenöl in einer großen Sautierpfanne bei mittlerer Hitze erwärmen und die Zwiebeln darin etwa in 8 Minuten glasig anschwitzen. Knoblauch und Paprika zugeben und weitere 2 Minuten garen. Passierte Tomaten, Tomatenmark, Oregano und 1 TL Paprikapulver unterrühren. Abschmecken und für mehr Schärfe nach Belieben Paprikapulver zugeben. Die Masse zum Kochen bringen, auf geringe Hitze reduzieren und 10 Minuten köcheln lassen, bis sie eingedickt ist.

3 Den Backofengrill auf mittlere Stufe vorheizen. In einer großen, tiefen ofenfesten Form den gedämpften Spinat gleichmäßig verteilen, die Tomatensauce darübergießen und 8 Vertiefungen bilden. Ein ganzes Ei in jede Vertiefung schlagen und alles etwa 5 Minuten grillen, bis die Eier fast gar sind, das Eigelb jedoch noch flüssig ist.

4 Das Gratin mit dem Käse bestreuen und weitere 2 Minuten grillen, bis der Käse schmilzt und goldbraun wird.

5 Während das Gratin gart, auf dem Herd eine Grillpfanne bei mittlerer Hitze erwärmen. Die Ciabatta beidseitig mit Olivenöl bestreichen und in zwei Durchgängen in je 8 Minuten knusprig goldbraun rösten. Nach der halben Grillzeit wenden. Das Brot mit Knoblauch (Schnittfläche nach unten) einreiben. Das fertige Gratin mit Petersilie bestreuen und zusammen mit dem Knoblauchbrot servieren.

POLENTA-ECKEN MIT TOMATEN, ROSMARIN UND CANNELLINI-BOHNEN

Gekochte Polenta wird beim Abkühlen fest. In Scheiben geschnitten wird sie beim Grillen knusprig und goldbraun und kann wunderbar belegt werden.

FÜR 4 PERSONEN

175 g Instant-Polenta (vorgegarter Polentagrieß)
40 g Butter, gewürfelt
50 g fein geriebener Parmesan, plus Parmesan zum Anrichten
1 TL getrocknete Chiliflocken
Olivenöl zum Einfetten und Bestreichen
Salz und Pfeffer aus der Mühle

ROSMARINBOHNEN

3 EL Olivenöl
4 große Knoblauchzehen, gehackt
2 EL gehackte Rosmarinblätter
300 g gekochte Cannellini-Bohnen
125 g eingelegte getrocknete Tomaten, grob gehackt
2 EL Zitronensaft
150 g Babyspinat

1 Zunächst für die Polenta 850 ml Wasser in eine Kasserolle füllen, nach und nach den Polentagrieß einrühren und alles zum Kochen bringen. Auf geringe Hitze reduzieren und unter ständigem Rühren etwa 8–10 Minuten köcheln lassen, bis die Masse eindickt. Vom Herd nehmen, Butter, Parmesan und Chiliflocken unterrühren und mit Salz und Pfeffer abschmecken.

2 Ein Backblech leicht mit Olivenöl einfetten und die Polenta gleichmäßig in einer etwa 2 cm dicken Schicht aufbringen. Glattstreichen und bei Zimmertemperatur abkühlen und fest werden lassen.

3 Den Backofengrill auf starke Stufe vorheizen. Polenta in 4 Quadrate schneiden und jedes diagonal halbieren. Die so entstandenen Dreiecke mit Öl bestreichen, auf ein Grillgitter legen und auf jeder Seite in etwa 6 Minuten knusprig und goldbraun grillen. Bei Bedarf in mehreren Durchgängen grillen, die fertige Polenta währenddessen warm halten.

4 Für die Rosmarinbohnen Olivenöl in einer Sautierpfanne bei mittlerer Hitze erwärmen und darin Knoblauch und Rosmarin etwa 30 Sekunden anbraten. Bohnen und getrocknete Tomaten zugeben und unter Rühren erwärmen, dann auf geringe Hitze reduzieren, Zitronensaft zugeben. Spinat unterheben und garen, bis er zusammenfällt.

5 Je 2 Polenta-Ecken auf 4 Teller verteilen, mit der Bohnenmischung belegen und mit Parmesan bestreut servieren.

PIKANTE KÖFTE MIT APFEL-MINZ-JOGHURTRAITA

Die pikanten Kichererbsenbällchen werden beim Grillen außen knusprig-braun, bleiben innen aber saftig. Begleitet werden sie von einer scharfen Tomaten-Ingwer-Sauce und erfrischend kühler Apfel-Minz-Raita, einem indischen Joghurt-Dip.

FÜR 4 PERSONEN

2 Zucchini, grob gerieben
1 Zwiebel, grob gerieben
480 g gekochte Kichererbsen
2 TL gemahlener Kreuzkümmel
2 TL gemahlener Koriander
1 rote Chilischote, entkernt und gehackt
Olivenöl zum Bestreichen
Salz und Pfeffer aus der Mühle
Sesam-Naan [siehe Seite 72] zum Anrichten

TOMATEN-INGWER-SAUCE

1 Zwiebel, gehackt
2 große Knoblauchzehen, halbiert
5 cm Ingwerwurzel, geschält und gehackt
2 EL Sonnenblumenö, plus Öl zum Bestreichen
1 TL Fenchelsamen
1 TL getrocknete Chiliflocken
250 ml passierte Tomaten
100 ml Gemüsebrühe
2 TL Zitronensaft
½ TL Salz

APFEL-MINZ-RAITA

1 roter Apfel, Kerngehäuse entfernt, grob gerieben
3 gehäufte EL gehackte Minzeblätter
2 TL Zitronensaft
100 g Naturjoghurt

1 Die geriebenen Zucchini mit der Hand ausdrücken, dann in einer Küchenmaschine mit Zwiebeln, Kichererbsen, Kreuzkümmel, Koriander und Chili vermischen. Mit Salz und Pfeffer würzen und grob pürieren. Die Mischung zu 12 gleich großen Kugeln formen und 30 Minuten kühl stellen, damit sie fest werden.

2 Inzwischen für die Sauce Zwiebel, Knoblauch und Ingwer in den gereinigten Behälter der Küchenmaschine geben und zu einer geschmeidigen Masse verrühren. Das Öl in einer Pfanne bei mittlerer Hitze erwärmen und die Zwiebelmischung darin unter gelegentlichem Rühren etwa 6 Minuten anbraten. Fenchelsamen und Chiliflocken zufügen und 1 weitere Minute garen. Passierte Tomaten und Gemüsebrühe zugießen, alles zum Kochen bringen, auf geringe Hitze reduzieren und 10 Minuten köcheln lassen, bis die Masse eindickt. Zitronensaft zugeben und mit Salz und Pfeffer abschmecken.

3 Den Backofengrill auf starke Hitze vorheizen und ein Grillgitter mit Alufolie belegen. Inzwischen für die Raita alle Zutaten miteinander verrühren.

4 Die Köfte-Bällchen mit Olivenöl bestreichen und auf beiden Seiten in 6–8 Minuten goldbraun grillen. Das Naan-Brot aufwärmen. Die Köfte-Bällchen und die Ingwer-Tomaten-Sauce auf 4 Tellern anrichten und sofort servieren. Dazu Raita und Naan-Brot reichen.

APFEL-LAUCH-KÄSESTICKS MIT BRUNNENKRESSE-SAUCE

Eine Variation der traditionellen walisischen Glamorgan Sausage: goldbraun panierte Sticks mit saftig geriebenem Apfel, serviert mit einer cremigen Kressesauce.

200 g Semmelbrösel, am besten frisch gerieben
150 g reifer Cheddar, gerieben
1 kleine Lauchstange, sehr fein gehackt
1 fester saftiger Apfel, entkernt und gerieben
1 TL getrockneter Thymian
1 TL Dijon-Senf
2 EL Milch
2 Eier
Olivenöl zum Bestreichen
300 g Wirsingkohl, harte Stängel entfernt und fein geschnitten
25 g Butter
2 TL Kümmelsamen
Salz und Pfeffer aus der Mühle

KRESSESAUCE
150 g Brunnenkresse, die Stängel entfernt
25 g Butter
25 g Mehl (Type 550)
300 ml Milch

1 In einer großen Schüssel 150 g Semmelbrösel mit Käse, Lauch, Apfel und Thymian verrühren. Senf, Milch und 1 Ei unterrühren und mit Salz und Pfeffer würzen. Aus der Masse 12 gleich große Sticks formen und 30 Minuten kühl stellen, damit sie fest werden.

2 Den Backofengrill auf starke Stufe vorheizen und eine Grillpfanne mit Alufolie auslegen. Das übrige Ei in einer Schüssel verquirlen und die Sticks nacheinander erst im Ei, dann in den übrigen Semmelbröseln wenden. Mit etwas Olivenöl bestreichen und etwa 12 Minuten grillen, bis sie außen goldbraun und knusprig sind. Dabei gelegentlich wenden.

3 Während die Sticks grillen, für die Sauce die Brunnenkresse 2 Minuten in kochendem Wasser blanchieren, dann abgießen und mit kaltem Wasser abschrecken. Die Blätter fein hacken. Die Butter in einer Kasserolle bei geringer Hitze zerlassen, Mehl unterrühren und unter Rühren 1 Minute anschwitzen. Dann nach und nach die Milch einrühren, die Hitze erhöhen und unter Rühren köcheln, bis die Sauce dick-cremig und geschmeidig ist. Mit Salz und Pfeffer abschmecken, Brunnenkresse unterheben und warm stellen.

4 Wirsing mit 2 EL Wasser in einer Kasserolle bei geringer Hitze erwärmen und zugedeckt in 2–3 Minuten bissfest garen, dabei gelegentlich rühren. Butter und Kümmel zugeben, mit Salz und Pfeffer abschmecken und rühren, bis Butter und Kümmel gleichmäßig verteilt sind.

5 Wirsing auf 4 Teller verteilen und mit je 3 Sticks belegen. Auf jeden Teller einen Löffel Kressesauce geben und das Ganze servieren.

CASHEW-KAROTTEN-BURGER MIT PISTAZIEN-CHILI-CHUTNEY

Weit entfernt vom vermeintlich langweiligen Vegetarieressen: Diese Burger sind locker-leicht und indisch gewürzt, das Chutney hat gerade die richtige Schärfe und eine appetitlich leuchtende Farbe.

FÜR 4 PERSONEN

150 g Cashewkerne
1 EL Sonnenblumenöl, plus Öl zum Bestreichen
1 Zwiebel, fein gehackt
2 TL Kreuzkümmelsamen
2 TL Bockshornklee-Samen
1 TL gemahlener Koriander
2 große Knoblauchzehen, fein gehackt
2 Karotten, geraspelt
50 g Semmelbrösel, am besten frisch gerieben
1 Ei, leicht geschlagen
1 gehäufter EL Naturjoghurt
Mehl (Type 550) zum Bestäuben
Salz und Pfeffer aus der Mühle
Sesam-Naan (siehe Seite 72) zum Anrichten

PISTAZIEN-CHILI-CHUTNEY

4 EL Pistazienkerne ohne Schale
1 grüne Chilischote, gehackt
2 Handvoll Korianderblätter
2 Handvoll Minzeblätter
1 TL feiner Zucker
1 Knoblauchzehe, zerdrückt
2 EL Ingwer, geschält und gerieben
Saft von 1 Limette

1 Den Backofen auf 180 °C vorheizen. Die Cashewkerne auf einem Backblech in 6–8 Minuten hell goldbraun rösten, herausnehmen und abkühlen lassen.

2 In einer Bratpfanne das Sonnenblumenöl erwärmen und die Zwiebel darin in 6 Minuten glasig anschwitzen. Kreuzkümmel und Bockshornklee zugeben und 1 weitere Minute garen, dann gemahlenen Koriander unterrühren.

3 Die gerösteten Cashews in einer Küchenmaschine fein hacken oder mahlen, dann in eine Rührschüssel füllen. Die Zwiebelmischung zugeben, Knoblauch, Karotten, Semmelbrösel, Ei und Joghurt unterrühren und mit Salz und Pfeffer würzen. Mit bemehlten Händen die Mischung in 4 Portionen teilen, jede Portion zu einem Laibchen formen und in etwas Mehl wenden. 30 Minuten kühl stellen.

4 Inzwischen für das Pistazien-Chili-Chutney die Pistazien in einer Küchenmaschine fein hacken. Chili, Koriander und Minzeblätter zugeben, mit Zucker, Knoblauch, Ingwer, Zitronensaft sowie 3 EL Wasser verrühren. Mit Salz und Pfeffer abschmecken und zu einer glatten Masse mixen; sie sollte die Konsistenz von Mayonnaise haben. Bei Bedarf mehr Wasser zugeben.

5 Den Backofengrill auf starke Stufe vorheizen und ein Grillgitter mit Alufolie belegen. Die Burger oben mit Öl bestreichen und in 8–10 Minuten goldbraun grillen, nach der Hälfte der Grillzeit wenden und auch auf der anderen Seite mit Öl bestreichen.

6 Naan aufwärmen und quer durchschneiden. Die unteren Hälften mit je einem Burger belegen und diese großzügig mit Chutney bestreichen. Mit den oberen Brothälften bedecken und die Burger sofort servieren.

WÜRZIGE KARTOFFELKUCHEN MIT HALLOUMI UND ANANAS-RELISH

Für dieses Rezept sollten die Kartoffeln nicht zu lange kochen – wenn sie »al dente« sind, abgießen, im Topf etwas ruhen lassen und dann erst reiben. So behalten sie beim Verarbeiten die Form.

FÜR 4 PERSONEN

1 kg Kartoffeln, geschält und je nach Größe halbiert oder geviertelt
1 gehäufter EL Kreuzkümmelsamen
1 Zucchini, gerieben
1 TL Kurkumapulver
25 g zerlassene Butter
Mehl (Type 550) zum Bestäuben
400 g Halloumi, abgetropft und in 12 Scheiben geschnitten
1 große Handvoll Rucola
Salz und Pfeffer aus der Mühle
Alfalfa-Sprossen zum Anrichten

ANANAS-RELISH

250 g Ananas, gewürfelt
4 EL gehackte Korianderblätter
3 EL gehackte Minzeblätter
1 lange rote Chilischote, entkernt und fein gehackt
2 EL natives Olivenöl extra, plus Öl zum Bestreichen

1 Kartoffeln in sprudelndem Salzwasser in etwa 10 Minuten weich kochen, abgießen und im Topf kurz trocknen lassen, bis sie ein wenig abgekühlt sind. Inzwischen die Kreuzkümmelsamen in einer Pfanne ohne Öl bei mittlerer Hitze 2–3 Minuten anrösten, dabei gelegentlich rühren, bis sie goldbraun sind. (Achtung, sie verbrennen schnell!)

2 Kartoffeln in eine Schüssel reiben. Kümmelsamen, Zucchini und Kurkuma zugeben, mit Salz und Pfeffer würzen und die zerlassene Butter unterrühren. Zu einer glatten Masse verrühren, daraus 4 gleich große Kuchen formen und auf einen leicht bemehlten Teller legen. 30 Minuten kühl stellen.

3 Inzwischen für das Ananas-Relish alle Zutaten in einer Schüssel vermischen und salzen.

4 Den Backofengrill auf starke Stufe vorheizen und ein Grillgitter mit Alufolie belegen. Die Folie leicht mit Öl bestreichen und die Kartoffelkuchen darauflegen. Die Kuchen auf der oberen Seite einölen und in 20 Minuten knusprig goldbraun grillen. Nach der Hälfte der Grillzeit wenden und bei Bedarf mit mehr Öl bestreichen.

5 Während die Kartoffelkuchen im Backofen garen, auf dem Herd eine Grillpfanne bei mittlerer Hitze erwärmen. Halloumi beidseitig mit Öl bestreichen und auf jeder Seite 2–3 Minuten braten.

6 Die Kartoffelkuchen auf 4 Teller verteilen. Mit etwas Rucola belegen, je 3 Scheiben Halloumi darauf schichten und mit einem Löffel Ananas-Relish garnieren. Die Kuchen mit Alfalfa-Sprossen bestreut servieren.

GEMÜSE-MOZZARELLA-TÖRTCHEN MIT AVOCADOCREME

Mehrere Sorten gegrilltes Gemüse, eine Lage cremiger Mozzarella – diese Törtchen sind dekorativ und sommerlich. Es klappt auch ohne Dessertringe: Locker übereinandergeschichtet sehen sie ebenso hübsch aus. Das Gericht ist einfach, erfordert aber etwas Geduld: Das Gemüse wird in mehreren Durchgängen in der Pfanne oder im Ofen gegrillt.

FÜR 4 PERSONEN

125 ml Olivenöl, plus Öl zum Bestreichen und Beträufeln
5 EL Balsamicoessig
3 Zucchini, längs in dünne Scheiben geschnitten
1 große Aubergine, längs in dünne Scheiben geschnitten, die Scheiben halbiert
1 große Fenchelknolle, in dünne Scheiben geschnitten
1 rote Paprikaschote, entkernt und längs in Streifen geschnitten
1 gelbe Paprikaschote, entkernt und längs in Streifen geschnitten
4 weiche Mehrkorn-Tortillas
2 Mozzarella à 125 g, abgetropft, trockengetupft und in 16 Scheiben geschnitten
1 Handvoll Basilikumblätter
Salz und Pfeffer aus der Mühle

AVOCADOCREME

1 große Avocado
1 EL Olivenöl
½–1 TL Harissa-Paste (nach Geschmack)
1 EL Zitronensaft
1 EL Naturjoghurt

1 Backofengrill auf starke Stufe vorheizen und ein Grillgitter mit Alufolie belegen. Olivenöl mit Balsamico verquirlen und die Zucchini damit bestreichen. Die Hälfte der Zucchinischeiben auf das Grillgitter legen und 10 Minuten grillen, bis sie leicht bräunen und weich sind. Dabei einmal wenden und bei Bedarf mit mehr Öl bestreichen. Mit der zweiten Hälfte ebenso verfahren, Zucchini beiseite stellen und mit Alufolie abdecken.

2 Die Auberginenstücke mit der Ölmischung bestreichen und bei Bedarf in mehreren Durchgängen 12 Minuten grillen, dabei einmal wenden und bei Bedarf mit mehr Öl bestreichen. Fenchel und Paprika ebenso vorbereiten und je 5 Minuten auf jeder Seite grillen.

3 Während das Gemüse gart, die Avocado halbieren, den Stein entfernen und das Fruchtfleisch herauslöffeln. Zusammen mit Öl, ½ TL Harissa, Zitronensaft, Joghurt und 1 EL Wasser im Mixer zu einer glatten Masse verrühren. Salzen und pfeffern, nach Geschmack mehr Harissa zugeben, die Creme in eine Schüssel füllen.

4 In einer großen, antihaftbeschichteten Bratpfanne ein wenig Olivenöl bei geringer Hitze erwärmen. Überschüssiges Öl mit etwas Küchentuch auswischen. 1 Tortilla in etwa 5 Minuten knusprig goldbraun braten, dabei einmal wenden. Aus der Pfanne nehmen und in Stücke schneiden. Mit den übrigen Tortillas ebenso verfahren.

5 Zum Anrichten je einen Dessertring (10 cm Durchmesser) auf 4 Teller setzen. 4 Basilikumblätter beiseite legen. In jedem Ring abwechselnd Aubergine, Paprika, Basilikum, Mozzarella, Zucchini, wieder Basilikum, Fenchel und Mozzarella aufeinanderschichten und mit Basilikum abschließen. In derselben Reihenfolge wiederholen und mit Basilikum garnieren. Die fertigen Törtchen mit Öl beträufeln, pfeffern und zusammen mit Avocadocreme und Tortilla-Stücken servieren.

BUNTER PAPRIKA-MIX MIT KAPERN-KRÄUTER-DRESSING

FÜR 4 PERSONEN

1 rote Paprikaschote, entkernt und geviertelt
1 gelbe Paprikaschote, entkernt und geviertelt
1 orange Paprikaschote, entkernt und geviertelt
Olivenöl zum Bestreichen
1 kleine Handvoll Basilikumblätter zum Anrichten

KAPERN-KRÄUTER-DRESSING

3 EL natives Olivenöl extra
1 Knoblauchzehe, gehackt
1 EL Oreganoblätter
1 EL Kapern, abgegossen und abgespült
Salz und Pfeffer aus der Mühle

1 Backofengrill auf starke Stufe vorheizen und ein Grillgitter mit Alufolie belegen. Die Paprikastücke mit Olivenöl bestreichen, auf die Folie legen und bei Bedarf in mehreren Durchgängen je 10–12 Minuten grillen, bis sie weich und stellenweise angeschmort sind. Dabei einmal wenden.

2 Inzwischen für das Dressing alle Zutaten miteinander verquirlen und mit Salz und Pfeffer würzen.

3 Die Paprikaschoten aus dem Ofen nehmen, in eine Papiertüte füllen und darin 10 Minuten abkühlen lassen, damit sie sich leichter schälen lassen. Anschließend die Haut ablösen und entfernen.

4 Paprikastücke in einer flachen Schüssel anrichten, das Dressing darüberträufeln und mit Basilikumblättern garnieren. Bei Zimmertemperatur servieren.

GEGRILLTER FENCHEL MIT PANGRATTATO

Bei rohem Fenchel kann der Anisgeschmack sehr dominant sein. Beim Garen wird er zarter und milder. Besonders köstlich schmeckt Fenchel gegrillt und begleitet von einer knusprigen Brotpanade.

FÜR 4 PERSONEN

3 Fenchelknollen, quer in dünne Scheiben geschnitten
Olivenöl zum Bestreichen
Salz und Pfeffer aus der Mühle

ZITRONEN-CHILI-PANGRATTATO

2 dicke Scheiben härteres Weißbrot, ohne Rinde
1 EL Olivenöl
15 g Butter
fein abgeriebene Schale von 1 kleinen unbehandelten Zitrone
1 kleine rote Chilischote, entkernt und fein gehackt

1 Backofengrill auf starke Stufe vorheizen und ein Grillgitter mit Alufolie belegen. Fenchelscheiben mit Olivenöl bestreichen und in 8–10 Minuten weich grillen, dabei einmal wenden.

2 Inzwischen das Brot in einer Küchenmaschine grob krümelig mahlen. Olivenöl und Butter bei geringer Hitze in einer Pfanne erwärmen, Brotkrümel zugeben und unter Rühren in 5 Minuten goldbraun und knusprig braten. Zitronenschale und Chilistückchen unterrühren, mit Salz und Pfeffer würzen und vom Herd nehmen.

3 Fenchelscheiben in einer Schüssel anrichten, mit Pangrattato bedecken und servieren.

SESAM-NAAN

ERGIBT 8 STÜCK

350 g Mehl (Type 550), plus Mehl für die Arbeitsfläche
2 TL feiner Zucker
1 TL Salz
1 TL Backpulver
185 ml Milch
3 EL Sonnenblumenöl, plus Öl zum Einfetten
3 EL schwarze Sesamsamen
25 g zerlassene Butter

1 Mehl, Zucker, Salz und Backpulver in eine große Rührschüssel sieben, gut verrühren und in der Mitte eine Vertiefung bilden. Milch mit Sonnenblumenöl verrühren und in die Vertiefung gießen. Nach und nach von außen nach innen zu einem weichen Teig verkneten, auf eine bemehlte Arbeitsfläche stürzen und etwa 10 Minuten kneten. Wenn der Teig sehr klebrig ist, mehr Mehl zugeben. Den Teig in eine eingeölte Schüssel legen, mit einem sauberen, feuchten Küchentuch bedecken und etwa 35 Minuten an einem warmen Ort ruhen lassen.

2 Den Backofengrill auf starke Stufe vorheizen und ein großes Backblech auf oberer Schiene erwärmen. Den Teig in 8 gleich große Kugeln teilen und auf einer bemehlten Unterlage jede Kugel zu einem dünnen Fladen ausrollen. Mit Sesam bestreuen und die Samen mit den feuchten Händen leicht in den Teig drücken.

3 Je 2 Naans 2–3 Minuten grillen, dabei einmal wenden, bis sie luftig und goldbraun sind. (Achtung, sie verbrennen schnell!) Mit zerlassener Butter bestreichen und warm servieren.

WINTERSALAT MIT MANDARINEN

FÜR 4 PERSONEN

3 EL Kürbiskerne
3 Mandarinen, geschält und in Scheiben geschnitten
1 EL natives Olivenöl extra
1 EL flüssiger Honig
100 g gemischte Salatblätter, z. B. Brunnenkresse, roter Mangold oder Feldsalat
1 Fenchelknolle, in dünne Scheiben geschnitten
70 g Rotkohl, fein geschnitten

ZITRONEN-SENF-DRESSING
3 EL natives Olivenöl extra
1 EL Zitronensaft
1 TL Ganzkornsenf
Salz und Pfeffer aus der Mühle

1 Den Backofengrill auf starke Stufe vorheizen und ein Grillgitter mit Alufolie belegen. Auf dem Herd die Kürbiskerne in einer Pfanne ohne Öl bei mittlerer Hitze in 2–3 Minuten goldbraun rösten, dabei gelegentlich umrühren. (Achtung, die Samen verbrennen schnell!)

2 Mandarinenscheiben auf dem Grillgitter verteilen, mit Olivenöl bestreichen und mit Honig beträufeln. 3–5 Minuten grillen, bis sie glänzen und stellenweise angeschmort sind, aber noch ihre Form haben. Herausnehmen und zum Abkühlen beiseite stellen.

3 Inzwischen für das Dressing alle Zutaten verquirlen und mit Salz und Pfeffer würzen.

4 Die Salatblätter mit Fenchel und Rotkohl in einer Salatschüssel mischen, Dressing darüberträufeln und gut verrühren. Mandarinenscheiben darauf verteilen und den Salat mit Kürbiskernen bestreut servieren.

ZITRONEN-BAISER-TÖRTCHEN

Eine Variation des klassischen englischen »Lemon Meringue Pie«: hier mit aromatisch-buttrigem Ingwerkeksboden und gekrönt mit einem Klecks Baiser, der kurz unter dem Grill gebräunt wird. Einfach köstlich!

FÜR 4 PERSONEN

190 g harte Ingwerkekse
110 g Butter, plus Butter für die Förmchen
125 ml Zitronensaft
2 TL Speisestärke
125 g Farinzucker (Rohzucker)
Eigelb von 1 Ei (Größe L), leicht geschlagen
Eiweiß von 2 Eiern (Größe L)

1 4 kleine Springformen mit abnehmbarem Boden (8 cm Durchmesser) leicht einfetten. Für die Teigböden Ingwerkekse in einer Küchenmaschine fein krümelig mahlen. 80 g Butter in einer kleinen Kasserolle zerlassen, die Kekskrümel unterrühren und die Mischung in die Förmchen geben, sodass Boden und Seitenwände bedeckt sind. Gut andrücken und 20 Minuten im Kühlschrank fest werden lassen.

2 Inzwischen Zitronensaft und Speisestärke in einer Kasserolle verrühren. 70 g Zucker zugeben und die Mischung bei mittlerer Hitze unter ständigem Rühren zum Kochen bringen. Auf geringe Hitze reduzieren und 2 Minuten unter Rühren köcheln lassen, bis die Masse eindickt. Die übrige Butter einrühren. Wenn die Butter geschmolzen ist, vom Herd nehmen. Die Zitronencreme auf den Teigböden verteilen und die Törtchen während der Zubereitung der Baisermasse kühl stellen.

3 Backofengrill auf mittlere Stufe vorheizen. Eiweiß in einer sauberen Rührschüssel steif schlagen, dann nach und nach den übrigen Zucker unterrühren, sodass eine glänzende, feste Baisermasse entsteht. In einen Spritzbeutel füllen und die Baisermasse auf die Zitronencreme spritzen. Wenn kein Spritzbeutel verfügbar ist, mit dem Löffel auf jedes Törtchen ein Häufchen Baiser setzen.

4 Die Förmchen auf ein Backblech stellen und 1 Minute grillen, bis die Baisermasse stellenweise gebräunt, innen aber noch weich ist. (Achtung, die Masse verbrennt schnell!) Anschließend 20 Minuten kühl stellen, damit die Teigböden wieder fest werden. Die Törtchen aus den Förmchen lösen und servieren.

GEGRILLTE PFLAUMEN AUF BRIOCHE MIT LAVENDELJOGHURT

Verführerisch süß und verführerisch einfach: Dieses Dessert ist perfekt, wenn es einmal schnell gehen soll.

FÜR 4 PERSONEN
10 Pflaumen, halbiert und entsteint
25 g zerlassene Butter
3 EL Vollrohrzucker
½ TL Zimt
4 dicke Scheiben Brioche

LAVENDELJOGHURT
125 g griechischer Joghurt
3 EL flüssiger Honig
getrocknete Lavendelblüten zum Anrichten

1 Backofengrill auf starke Stufe vorheizen und ein Backblech mit Alufolie auslegen. Für den Lavendeljoghurt Joghurt in einer Schüssel mit dem Honig beträufeln und mit einigen Lavendelblüten bestreuen.
2 Pflaumen mit der Schnittfläche nach oben auf dem Backblech verteilen und mit zerlassener Butter bestreichen. In einer kleinen Schüssel Zucker und Zimt verrühren und die Pflaumen damit bestreuen. Etwa 5 Minuten grillen, bis die Pflaumen weich sind und stellenweise karamellisieren.
3 Inzwischen die Briochescheiben kurz toasten.
4 Die Briochescheiben mit den Pflaumen belegen und mit Lavendeljoghurt servieren.

KARAMELLISIERTER APFEL MIT CAMEMBERT AUF WALNUSS-TOAST

Einfach, köstlich – und attraktiv für all jene, die nicht zwischen einer Süßspeise und Käse zum Dessert wählen wollen. Mit einem Salat aus Brunnenkresse wird dieser Toast zum leichten Mittagstisch.

FÜR 4 PERSONEN
8 dicke Scheiben Walnussbrot
40 g Butter
3 EL flüssiger Honig, plus Honig zum Beträufeln
4 feste rote Äpfel, quer in dünne Scheiben geschnitten, Kerngehäuse entfernt
180 g Camembert, in Scheiben geschnitten

1 Backofengrill auf starke Stufe vorheizen und eine Grillpfanne mit Alufolie auslegen. Das Brot auf beiden Seiten rösten, bis es leicht gehärtet und goldbraun ist.
2 Inzwischen Butter und Honig in einer kleinen Kasserolle zerlassen, dabei gelegentlich rühren. Die Apfelscheiben in der Grillpfanne anordnen (bei Bedarf in mehreren Durchgängen) und mit der Butter-Honig-Mischung bestreichen. Auf jeder Seite 2 Minuten grillen, bis sie weich und goldbraun sind.
3 Die Brote mit Apfelscheiben belegen und mit Camembert bedecken. Auf ein Grillgitter setzen und einige Minuten grillen, bis der Käse bräunt und leichte Blasen wirft. Pro Person 2 Toasts auf einem Teller anrichten, mit etwas Honig beträufeln und servieren.

CRÈME BRÛLÉE MIT HIMBEEREN

Für den Zuckerkaramell zu diesem französischen Klassiker muss der Grill besonders heiß sein. Der Zucker karamellisiert besser, wenn er mit etwas Wasser besprüht wird. Noch besser funktioniert das Karamellisieren mit einem Bunsenbrenner.

FÜR 4 PERSONEN

400 g Sahne
3 EL Milch
1 Vanilleschote, der Länge nach halbiert und das Mark ausgekratzt
175 g feiner Zucker
5 Eigelbe
175 g Himbeeren

1 Backofen auf 150 °C vorheizen. Sahne, Milch und Vanilleschote und -mark in einer stabilen Kasserolle bei mittlerer Hitze zum Kochen bringen. Vanilleschote herausnehmen und entfernen.

2 125 g Zucker in eine Rührschüssel füllen, die restlichen 4 EL beiseite stellen. Eigelbe in die Schüssel geben und mit dem Zucker gut verquirlen, dann die Sahnemischung zugeben und rühren, bis der Zucker aufgelöst ist.

3 Die Himbeeren und danach die Eier-Sahne-Masse auf 4 große Souffléförmchen verteilen. Die Förmchen in ein tiefes Backblech stellen und dieses halbhoch mit Wasser füllen. Etwa 30–35 Minuten backen, bis die Masse beinahe fest ist, sich aber bei Berühren noch bewegt. Zum Abkühlen beiseite stellen.

4 Kurz vor dem Servieren den Backofengrill auf starke Stufe vorheizen. Jede Crème brûlée mit 1 EL Zucker bestreuen und mit sehr wenig Wasser besprenkeln, damit er besser karamellisiert. 4–5 Minuten grillen, bis eine Karamellschicht entsteht. (Achtung, der Zucker verbrennt leicht!) 5 Minuten abkühlen, damit der Karamell fest wird, dann die Crème brûlée servieren. Alternativ gekühlt servieren.

MANDEL-AMARETTI-PFIRSICHCRUMBLE

FÜR 4 PERSONEN

4 EL geschälte ganze Mandeln
8 Amaretti-Kekse
25 g zerlassene Butter
2 EL Ahornsirup
4 Pfirsiche, halbiert und entsteint
Schlagsahne zum Anrichten

1 Backofengrill auf mittlere Stufe vorheizen und eine Grillpfanne mit Alufolie auslegen. Die Mandeln in einer Bratpfanne ohne Öl bei mittlerer Hitze 2–3 Minuten rösten, dabei gelegentlich rühren. (Achtung, Nüsse verbrennen schnell!) Abkühlen lassen, dann grob hacken.

2 Amaretti grob zerkleinern, dann mit Mandeln, zerlassener Butter und Ahornsirup vermischen.

3 Pfirsiche mit der Schnittfläche nach oben in die Grillpfanne legen, mit Amaretti-Mischung bedecken und in 3 Minuten goldbraun und leicht knusprig grillen (sie härtet beim Abkühlen nach). Den Crumble mit einem großzügigen Löffel Sahne warm servieren.

Diese abwechslungsreiche Sammlung köstlicher Gerichte bedient sich der ganzen Vielfalt an Brattechniken, die Speisen Farbe, Geschmack und eine knusprige Textur verleihen. Knackiges Wokgemüse, knusprig frittierte Teigtaschen, krosse Bruschetta oder unwiderstehliche Desserts, diese Rezepte umfassen eine ganze Welt des Kochens.

BRATEN

Zimt-Donuts mit Schokoladensauce, Seite 119

PFANNEN-PIZZA MIT KARAMELLISIERTEN ZWIEBELN

Hefefrei und fantastisch einfach: Der Boden dieser Pizza wird in der Pfanne zubereitet, der Belag bleibt entweder roh, wie in dieser süditalienisch inspirierten Variante, oder wird unter dem Grill gegart.

FÜR 2 PERSONEN

2 EL Olivenöl
150 g milder Gorgonzola, in mundgerechte Stücke geschnitten
2 Tomaten, entkernt und gewürfelt
1 Handvoll Rucola
natives Olivenöl extra zum Beträufeln

PIZZABODEN

225 g Mehl (Type 550), mit etwa 10 g Backpulver vermischt, plus Mehl für die Arbeitsfläche
½ TL Salz
1 TL frische Oreganoblätter
4 EL Olivenöl
Pfeffer aus der Mühle

KARAMELLISIERTE ZWIEBELN

1 EL Olivenöl
1 rote Zwiebel, in dünne Ringe geschnitten
½ TL Farinzucker (brauner Zucker)

1 Für die karamellisierten Zwiebeln Olivenöl in einer beschichteten Pfanne erhitzen und die Zwiebel bei mittlerer Hitze in etwa 8 Minuten glasig-braun anschwitzen. Dabei häufig rühren. Braunen Zucker unterrühren und in 3 Minuten unter Rühren goldbraun garen. Hitze reduzieren, wenn die Zwiebel zu schnell bräunt.

2 Inzwischen für den Teigboden Mehl mit Backpulver und Salz in eine Rührschüssel sieben und Oregano unterrühren. In der Mitte eine Vertiefung bilden, 2 EL Olivenöl und 100 ml Wasser hineingießen und den Teig erst mit einem Spatelmesser, dann mit den Händen zu einer Kugel kneten. Auf einer leicht bemehlten Unterlage locker verkneten und auf einen Durchmesser von 25 cm ausrollen.

3 In einer großen Pfanne 1 EL Olivenöl bei mittlerer Hitze erwärmen und mit einem Stück zusammengeknülltem Küchenpapier gleichmäßig verteilen. Den Teig in die Pfanne legen und etwa 5 Minuten braten, bis die Unterseite leicht goldbraun ist.

4 Vom Herd nehmen, einen Teller verkehrt auf die Pfanne legen und den Teigboden vorsichtig stürzen. Das übrige Öl in die Pfanne gießen, den Teigboden mit der rohen Seite nach unten zurück in die Pfanne geben und in 5 Minuten leicht goldbraun braten.

5 Den Pizzaboden mit karamellisierten Zwiebeln, Gorgonzola und Tomaten belegen und mit Pfeffer abschmecken. Rucola darauf verteilen und die Pizza mit etwas Olivenöl beträufelt servieren.

THAI-POLENTA MIT PAK CHOI UND SÜSSEM CHILI

Diese Polenta wird mit thailändischen Gewürzen verfeinert und ist ein Geschmackserlebnis mit exotischem Touch. Sie ist weich und cremig und damit eine perfekte Ergänzung zum knackigen Wokgemüse.

FÜR 4 PERSONEN

1 l Gemüsebrühe
200 g Instant-Polenta (vorgegarter Polentagrieß)
1 gehäufter TL Thai-Gewürzmischung
20 g Butter

PAK CHOI MIT SÜSSEM CHILI

2 EL süße Chilisauce
2 EL helle Sojasauce
2 TL Sesamöl
2 EL Erdnussöl
1 große Zwiebel, in Ringe geschnitten
200 g langstieliger Brokkoli, geputzt
2 Pak-Choi-Köpfe, bei Bedarf halbiert oder geviertelt, die weißen Stiele in Scheiben geschnitten, die Blätter im Ganzen
100 g Zuckererbsen
3 Knoblauchzehen, in dünne Scheiben geschnitten
2,5 cm Ingwerwurzel, geschält und gerieben
1 rote Chilischote, entkernt und in dünne Ringe geschnitten (optional)

1 Gemüsebrühe in eine Kasserolle füllen, nach und nach Polentagrieß einrühren und zum Kochen bringen. Auf geringe Hitze reduzieren und unter Rühren 6–8 Minuten köcheln lassen, bis die Masse eindickt. Thaigewürz und Butter zugeben und rühren, bis die Butter geschmolzen ist. Dann zugedeckt beiseite stellen.

2 Chilisauce, Sojasauce und Sesamöl verrühren.

3 Den Wok bei starker Hitze erwärmen, Erdnussöl zugeben und die Zwiebel darin 2 Minuten anschwitzen. Brokkoli und weiße Pak-Choi-Stängel zugeben und weitere 2 Minuten garen, dann Zuckererbsen, Knoblauch, Ingwer, Chili nach Belieben und Pak-Choi-Grün unterrühren. Etwa 2 Minuten unter Rühren braten, die Saucenmischung zugeben und das Gemüse gut darin wenden.

4 Die Polenta auf 4 Teller verteilen, die Gemüsemischung darauf anrichten und alles sofort servieren.

PERLEN-COUSCOUS MIT AUBERGINE UND HALLOUMI

Couscous-Perlen, auch israelisches Couscous oder Mograbieh genannt, ist bei uns in jüdischen, türkischen oder arabischen Lebensmittelläden erhältlich. Die Körner haben ungefähr Erbsengröße und fallen beim Kochen nicht so leicht zusammen wie die kleinen marokkanischen Couscous-Körner.

FÜR 2–4 PERSONEN

250 g Couscous-Perlen
1 TL Gemüsebrühe-Pulver
5 EL Olivenöl, plus Öl zum Bestreichen
1 große Aubergine, in mundgerechte Würfel geschnitten
2 EL Granatapfelsirup oder Dattelsirup
1 große Zwiebel, gehackt
3 Knoblauchzehen, gehackt
2 Zucchini, gewürfelt
1 große rote Paprikaschote, entkernt und gewürfelt
1 rote Chilischote, entkernt und in dünne Ringe geschnitten
1 TL Kreuzkümmel-Samen
2 TL Ras-el-Hanout
150 g junger Blattspinat
2 EL Zitronensaft
250 g Halloumi, trockengetupft und in Scheiben geschnitten
3 EL gehackte Korianderblätter
2 EL gehackte Petersilie
Salz und Pfeffer aus der Mühle

1 Couscous in einer Kasserolle knapp mit Wasser bedecken und zum Kochen bringen. Gemüsebrühe-Pulver einrühren, dann auf geringe Hitze reduzieren und 8–10 Minuten zugedeckt köcheln lassen, bis die Flüssigkeit aufgesogen und das Couscous weich, aber nicht matschig ist. Vom Herd nehmen und zugedeckt etwa 10 Minuten ziehen lassen.

2 Inzwischen 3 EL Olivenöl in einer großen beschichteten Pfanne bei geringer Hitze erwärmen und die Aubergine darin in etwa 15 Minuten weich und goldbraun braten. Dabei ständig wenden. Granatapfelsirup zugeben und rühren, bis die Auberginenstücke glänzen. In eine Schüssel füllen und zugedeckt warm halten.

3 Die Bratpfanne auswischen, dann das übrige Öl darin bei mittlerer Hitze erwärmen und die Zwiebel in etwa 10 Minuten goldbraun braten. Knoblauch, Zucchini, Paprika und Chili zugeben und in weiteren 3 Minuten weich braten. Kreuzkümmel und Ras-el-Hanout unterrühren, Spinat zugeben und 2 Minuten garen, bis der Spinat zusammenfällt. Das Couscous mit einer Gabel lockern, zur Gemüsemischung geben, Zitronensaft zufügen und das Ganze in der Pfanne unter Rühren aufwärmen. Mit Salz und Pfeffer abschmecken.

4 Eine Grillpfanne erhitzen, Halloumi mit etwas Öl bestreichen und in der heißen Grillpfanne auf jeder Seite 2–3 Minuten braten, bis der Käse weich wird.

5 Couscous mit Auberginenstücken und Halloumi belegen und mit Koriander und Petersilie bestreut servieren.

OMELETT MIT ZIEGENKÄSE UND ROSMARIN-PESTO

Besonders luftig wird das Omelett, wenn das Eiweiß vorher zu weichem, schaumigem Schnee geschlagen wird. Es wird mit Ziegenkäse gefüllt und mit Kürbis-Rosmarin-Pesto verfeinert.

FÜR 2 PERSONEN

3 Eier, Eigelb und Eiweiß getrennt
15 g Butter
50 g weicher Ziegenkäse, in Scheiben geschnitten
Salz und Pfeffer aus der Mühle

KÜRBIS-ROSMARIN-PESTO

Nadeln von 2 langen Rosmarinzweigen
1 große Handvoll Basilikumblätter
1 Knoblauchzehe, zerdrückt
5 EL Olivenöl
30 g Kürbiskerne, leicht geröstet
3 gehäufte EL geriebener Parmesan

1 Für das Pesto Rosmarin, Basilikum, Knoblauch und Olivenöl in einem Mixer oder in einer Küchenmaschine grob zerkleinern. Kürbiskerne zugeben und alles fein hacken. In eine Schüssel füllen, Parmesan unterheben und mit Salz und Pfeffer abschmecken. Falls nötig etwas mehr Öl zugeben.

2 In einer Schüssel Eigelbe mit einer Gabel verquirlen und mit Salz und Pfeffer würzen. In einer weiteren Schüssel Eiweiß zu weichem Schnee schlagen, dann unter die Eigelbmasse heben.

3 Den Backofengrill auf mittlere Stufe vorheizen. Die Butter in einer großen beschichteten, ofenfesten Pfanne bei mittlerer Hitze erwärmen und die Pfanne schwenken, um das Fett zu verteilen. Die Eiermasse in die Pfanne geben und mit einem Pfannenwender gleichmäßig verteilen. Etwa 3 Minuten im Ofen grillen, bis das Ei stockt und goldbraun wird. Den Ziegenkäse auf dem Omelett verteilen und dieses weitere 1–2 Minuten grillen, bis der Käse geschmolzen ist.

4 Aus dem Ofen nehmen und einige Löffel Pesto in der Mitte verteilen. (Übriges Pesto ist etwa 1 Woche im Kühlschrank haltbar.) Das Omelett vorsichtig über der Füllung einschlagen, in der Mitte halbieren und sofort servieren.

JAPANISCHE EIERRÖLLCHEN MIT SPARGEL

Original japanische Omeletts sind eckig, aber auch eine runde Pfanne eignet sich für diese köstlichen Gemüseröllchen im Sushi-Stil.

FÜR 4 PERSONEN
1 EL Sesamöl
1 EL Mirin
12 Spargelstangen, geputzt
2 EL Erdnussöl
2 große Schalotten, fein gehackt
5 Frühlingszwiebeln, fein geschnitten
2 rote Chilischoten, entkernt und fein gehackt
6 Eier (Größe L), leicht geschlagen
einige Korianderzweige, grob gehackt
Salz und Pfeffer aus der Mühle
Tamari-Sojasauce zum Anrichten
eingelegter Ingwer zum Anrichten

SALAT AUS EINGELEGTEM GEMÜSE
1 kleine Salatgurke
1 Karotte
3 EL Reisweinessig
1 EL geröstete Nori-Flocken
1 EL geröstete Sesamsamen

1 Für den Salat Gurke und Karotte mit dem Gemüsehobel oder Gemüseschäler längs in dünne Streifen schneiden. In einer Schüssel mit Reisweinessig verrühren und salzen. Salat auf 4 kleine Schüsseln verteilen und mit Nori-Flocken und Sesam bestreuen.

2 In einer flachen Schüssel Sesamöl und Mirin verrühren und die Spargelstangen darin wenden. Einen Wok bei starker Hitze erwärmen und den Spargel darin in etwa 3 Minuten weich braten. Aus dem Wok nehmen und beiseite stellen.

3 Die Hälfte des Erdnussöls in den heißen Wok gießen. Die Schalotten, drei Viertel der Frühlingszwiebeln und die Hälfte der Chili darin 1 Minute braten, dann aus dem Wok nehmen und beiseite stellen.

4 Die Eiermischung mit Salz und Pfeffer würzen. In einer japanischen Omelettpfanne oder einer mittelgroßen beschichteten Bratpfanne ein wenig vom übrigen Erdnussöl bei mittlerer Hitze erwärmen. Ein Viertel der Eimasse unter Schwenken darin verteilen, 1–2 Minuten braten, bis das Ei stockt, und auf einem Teller zugedeckt warm halten. 3 weitere Omeletts braten, bei Bedarf mehr Öl zugeben.

5 Falls nötig jedes Omelett zu einem Quadrat schneiden. Ein Viertel der Zwiebelmischung darauf verstreichen und 3 Spargelstangen in die Mitte legen. Die Omeletts einrollen und in je 2,5 cm breite Streifen schneiden.

6 Die Röllchen mit der Füllung nach oben auf 4 Tellern anrichten. Mit den übrigen Frühlingszwiebeln, Chili und Koriander bestreuen. Die Sojasauce zum Dippen bereitstellen und die Röllchen zusammen mit Salat und eingelegtem Ingwer warm oder bei Zimmertemperatur servieren.

BLINI MIT AUBERGINENKAVIAR UND HONIGFEIGEN

Zum Braten der Blini genügt ganz wenig Öl – so bleiben sie außen knusprig goldbraun und innen locker und leicht. Sie können auch kleine, häppchengroße Blinis machen und belegt als Kanapees servieren.

FÜR 4 PERSONEN

3 EL Pinienkerne
3 frische Feigen, längs in Streifen geschnitten
flüssiger Honig zum Bestreichen
Sonnenblumenöl zum Braten
Auberginenkaviar (siehe Seite 222)
Brunnenkresse zum Garnieren

BLINI

100 g Mehl (Type 550)
40 g Buchweizenmehl
½ TL Salz, plus Salz zum Abschmecken
1 TL Trockenhefe
125 ml Milch
5 EL saure Sahne
1 Ei, Eigelb und Eiweiß getrennt

1 Für die Blinimasse Mehl und Buchweizenmehl in eine Rührschüssel sieben und Salz und Hefe unterrühren. In einer kleinen Kasserolle Milch und saure Sahne verrühren und vorsichtig erwärmen – die Mischung soll nur lauwarm sein, da die Hefe sonst abstirbt. Die Kasserolle vom Herd nehmen, den Inhalt mit Eigelb verquirlen. Alles unter die Mehlmischung heben und rühren, bis ein dicker, geschmeidiger Teig entsteht. Mit einem sauberen Küchentuch zugedeckt 30–45 Minuten gehen lassen, bis der Teig an der Oberfläche leichte Blasen wirft.

2 Inzwischen die Pinienkerne in einer beschichteten Pfanne ohne Öl bei mittlerer Hitze in 2–3 Minuten goldbraun rösten, dabei gelegentlich rühren. (Achtung, sie verbrennen leicht!)

3 Die Bratpfanne leicht einölen und die Feigenstücke bei mittlerer Hitze 1 Minute auf jeder Seite anbraten. Hitze reduzieren, die Feigen mit Honig bestreichen und auf jeder Seite in 1–2 Minuten knusprig goldbraun braten.

4 Wenn die Blinimasse aufgegangen ist, in einer weiteren Schüssel Eiweiß zu lockerem Schnee schlagen und unter die Masse heben. Eine große beschichtete Bratpfanne leicht einölen und bei mittlerer Hitze erwärmen. Für jeden Blini etwa 125 g Teig in der Pfanne auf jeder Seite in 2 Minuten goldbraun backen. Wenn sie sehr schnell bräunen, die Hitze reduzieren. (Übriger Teig kann bei Restwärme zu einem kleineren Blini verarbeitet werden.) Kleinere Blini auf jeder Seite nur 1 Minute backen.

5 Jeden Blini mit einem Löffel Auberginenkaviar bestreichen und mit einigen Scheiben Honigfeige belegen. Mit Pinienkernen und mit Brunnenkresse bestreuen und die Blini sofort servieren.

BIRNEN-PEKANNUSS-SALAT MIT POLENTA-CROÛTONS

Am besten gelingt dieser Salat mit noch nicht vollreifen Birnen, da sie beim Braten in der würzigen Honigsauce fest bleiben. Ein gehaltvoller Genuss – farbenfroh, geschmackvoll und angenehm knackig.

FÜR 4 PERSONEN

25 g Butter
2 noch nicht vollreife Birnen, geschält, entkernt und in je 8 Spalten geschnitten
1 TL gemahlener Ingwer
2 TL flüssiger Honig
150 g Rucola
100 g Brunnenkresse
50 g Pekannüsse, geröstet
85 g milder Gorgonzola, in mundgerechte Stücke geschnitten

DRESSING

4 EL natives Olivenöl extra
1 EL Zitronensaft
2 TL Dijon-Senf
Salz und Pfeffer aus der Mühle

POLENTA-CROÛTONS

60 g Instant-Polenta (vorgegarter Polentagrieß)
20 g Butter
1 große Prise getrocknete Chiliflocken
2 EL Olivenöl, plus Öl für die Form

1 Für die Polenta-Croûtons zunächst die Polenta nach und nach in 300 ml Wasser einrühren und unter Rühren zum Kochen bringen. Dann auf geringe Hitze reduzieren und 6–8 Minuten köcheln lassen, bis die Masse eindickt. Vom Herd nehmen, Butter und Chiliflocken unterheben und mit Salz und Pfeffer abschmecken. Eine mittelgroße Backform leicht einölen und die Polenta etwa 1 cm dick verstreichen. Glattstreichen und zum Festwerden kühl stellen, dann in etwa 1 cm breite Würfel schneiden.

2 Die Hälfte des Olivenöls bei mittlerer Hitze in einer großen, beschichteten Pfanne erwärmen. Die Hälfte der Polenta-Croûtons etwa 12–15 Minuten unter regelmäßigem Wenden braten, bis sie außen knusprig sind, dann auf Küchenpapier abtropfen lassen. Mit dem übrigen Öl und den übrigen Croûtons ebenso verfahren.

3 Die Pfanne mit Küchenpapier auswischen und die Butter darin bei geringer Hitze erwärmen. Die Birnenstücke 3–5 Minuten braten, dabei einmal wenden. Ingwer und Honig zugeben, die Birnenstücke darin wenden und in 1 Minute goldbraun braten.

4 Für das Dressing alle Zutaten miteinander verrühren und mit Salz und Pfeffer würzen. Rucola und Brunnenkresse auf 4 Teller verteilen und mit dem Dressing beträufeln. Die gerösteten Pekannüsse darüberstreuen, mit Birnen, Gorgonzola und Polenta-Croûtons belegen und den Salat sofort servieren.

INDISCHES AKOORI MIT KARTOFFEL-SENF-PARATHAS

Akoori, das traditionelle indische Rührei, wird mit Chili, Ingwer und Koriander gewürzt. Wie bei allen Rühreigerichten verhindert eine kurze Kochzeit, dass das Ei hart und zäh wird.

FÜR 4 PERSONEN
50 g Butter
1 TL Kreuzkümmelsamen
4 Frühlingszwiebeln, in dünne Ringe geschnitten
1 grüne Chilischote, entkernt und gehackt
1 rote Paprikaschote, entkernt und gewürfelt
2,5 cm Ingwerwurzel, geschält und fein gehackt
8 Eier, leicht geschlagen
3 Tomaten, geschält, entkernt und gewürfelt
2 EL gehackte Korianderblätter
schwarzer Pfeffer aus der Mühle

KARTOFFEL-SENF-PARATHAS
200 g Mehl (Type 550), plus Mehl für die Arbeitsfläche
½ TL Salz, plus Salz zum Abschmecken
2 EL Sonnenblumenöl, plus Öl für die Schüssel
125 g Kartoffeln, geschält und je nach Größe halbiert oder geviertelt
1 kleine Zwiebel, fein gehackt
2 TL schwarze Senfsamen
½ TL Kurkumapulver

1 Für die Parathas Mehl und Salz in eine Rührschüssel sieben, verrühren und in der Mitte eine Vertiefung machen. 125 ml lauwarmes Wasser und die Hälfte des Sonnenblumenöls in die Mulde gießen und alles mit einer Gabel vermischen. Mit den Händen zu einem weichen, leicht klebrigen Teig kneten und zu einer Kugel formen. Bei Bedarf mehr Wasser zugeben.

2 Den Teig auf einer leicht bemehlten Arbeitsfläche etwa 5 Minuten geschmeidig kneten. In einer leicht geölten Rührschüssel mit einem feuchten Küchentuch bedeckt mindestens 30 Minuten ruhen lassen. Inzwischen Kartoffeln weichkochen, abgießen und zerstampfen. Abkühlen lassen.

3 Eine Bratpfanne bei mittlerer Hitze erwärmen. Das übrige Sonnenblumenöl hineingießen und die Zwiebel darin in etwa 6 Minuten glasig anschwitzen, dabei gelegentlich rühren. Senfsamen zugeben und weitere 2 Minuten garen, dann Kurkuma unterrühren. Die Mischung unter die Kartoffelmasse heben und alles zu einem dicken Brei verrühren.

4 Den Teig in 4 Portionen teilen und auf einer leicht bemehlten Unterlage jede Portion zu einer 1 cm dicken Scheibe formen. 2 TL der Kartoffelmasse auf der Hälfte verstreichen und über der Füllung zu einem Halbkreis und dann zu einem Viertel einschlagen. Erneut auf 20 cm Durchmesser ausrollen und zu einem Fladen formen. Überschüssiges Mehl abklopfen. Mit den übrigen 3 Portionen ebenso verfahren.

5 Eine große, beschichtete Bratpfanne bei mittlerer Hitze erwärmen. Die Parathas auf einer Seite mit Öl bestreichen und diese 2 Minuten braten. Obere Seite leicht einölen, wenden und in weiteren 2 Minuten goldbraun braten. Fertige Parathas in Alufolie warm halten.

6 Für das Akoori Butter in einer beschichteten Pfanne bei mittlerer Hitze zerlassen. Kümmel, Frühlingszwiebeln, Chili, Paprika und Ingwer zugeben und 1 Minute unter Rühren anbraten. Eiermasse mit Salz und Pfeffer würzen und zugießen. Mit einem Pfannenwender in 3 Minuten sanft zu einer cremigen Masse verrühren, dann Tomaten zugeben. Akoori auf den Parathas verteilen und alles mit Koriander bestreut servieren.

GEBRATENER REIS MIT KNUSPRIGEM INGWER

Jasminreis ist ein leichter und blumiger Duftreis aus Thailand. Er nimmt die Aromen von Zitronengras, Ingwer und Chili rasch auf. Am besten gelingt er, wenn er nach dem Kochen vollständig abkühlt, sodass die Körner beim Braten nicht zusammenkleben.

FÜR 4 PERSONEN

350 g Jasminreis, gewaschen
100 ml Sonnenblumenöl
60 g Ingwerwurzel, geschält und gerieben
4 EL geröstete ungesalzene Erdnüsse, die braune Haut entfernt
2 TL Ketjap manis
1 EL vegetarische Fischsauce
2 EL helle Sojasauce
2 TL Limettensaft
½ TL feiner Zucker
6 Frühlingszwiebeln, schräg in Ringe geschnitten
4 Knoblauchzehen, gehackt
1 lange rote Chilischote, entkernt und in Ringe geschnitten
2 Zweige Zitronengras, die äußeren Blätter entfernt, fein gehackt
Blätter von mehreren Korianderzweigen zum Garnieren

1 Reis in einer Kasserolle etwa 1 cm hoch mit kaltem Wasser bedecken. Zum Kochen bringen, dann auf geringe Hitze reduzieren und 10 Minuten zugedeckt köcheln lassen, bis der Reis weichgekocht und das Wasser aufgesogen ist. Vom Herd nehmen und 5 Minuten zugedeckt ziehen lassen, dann auf einem Backblech verteilen und vollständig abkühlen lassen.

2 Sonnenblumenöl in einem Wok auf 180 °C erhitzen. Die Hälfte des Ingwers darin 2 Minuten frittieren, bis er knusprig goldbraun ist. Mit einem Schaumlöffel aus dem heißen Öl nehmen und auf Küchenpapier abtropfen lassen.

3 In einer Schüssel die Erdnüsse mit Ketjap manis verrühren. 1 TL Öl aus dem Wok in eine Bratpfanne geben, die Erdnüsse zugeben und bei mittlerer Hitze in 2 Minuten dunkel braten, dabei einmal wenden. Achtung, die Nüsse verbrennen schnell: Wenn sie zu rasch bräunen, die Hitze reduzieren. In einer weiteren Schüssel Fischsauce mit Sojasauce und Limettensaft vermischen, Zucker unterrühren.

4 Im Wok 3 EL Öl belassen, den Rest entfernen. Den übrigen Ingwer, den weißen Teil der Frühlingszwiebeln, Knoblauch, Chili und Zitronengras im Wok bei starker Hitze 1 Minute anbraten, dabei ständig rühren. Den kalten Reis unterheben, falls nötig Klumpen lösen. Die Fischsaucen-Mischung unterrühren und das Ganze braten, bis es heiß ist. Den Reis auf 4 Schüsseln verteilen, mit den grünen Teilen der Frühlingszwiebeln, Erdnüssen, Korianderblättern bestreuen und knusprigem Ingwer anrichten und alles sofort servieren.

KÜRBIS-SCONES MIT SCHWARZKOHL IN CIDER-SAUCE

FÜR 4 PERSONEN

250 g Butternuss-Kürbis, geschält, entkernt und in mundgerechte Stücke geschnitten
180 g Mehl (Type 550)
½ TL Salz
½ TL Backsoda
1 TL Backpulver
80 g Butter
1 Ei (Größe L), leicht geschlagen
2 EL Milch
3 EL Olivenöl
2 Lauchstangen, in Ringe geschnitten
350 g Schwarzkohl, quer in dünne Streifen geschnitten
1 EL Thymianblätter
200 g gekochte Limabohnen
200 ml trockener Cider
1 TL Dijon-Senf
4 EL Sahne
Salz und Pfeffer aus der Mühle
Blätter von einigen Zweigen Petersilie, gehackt

1 Kürbis weich dämpfen, dann in eine Schüssel geben, mit der Gabel zerdrücken und abkühlen lassen.

2 Den Backofen auf 70 °C vorheizen. Mehl, Salz, Backsoda und Backpulver in eine Schüssel sieben. 50 g Butter zerlassen und unterheben, dann Kürbis, Ei und Milch zugeben und alles zu einem weichen Teig verrühren.

3 1 EL ÖL in einer großen beschichteten Pfanne bei mittlerer Hitze erwärmen. Ein Viertel des Teigs in die Pfanne gießen und mit einem Pfannenheber zu einer etwa 1 cm dicken Scheibe flachstreichen. Für einen zweiten Scone wiederholen, Hitze reduzieren und die beiden Scones in 4–5 Minuten auf jeder Seite goldbraun backen. Hitze reduzieren, wenn die Scones zu schnell bräunen. Auf einen ofenfesten Teller legen, mit Alufolie bedecken und im vorgeheizten Ofen warm halten, inzwischen in 1 weiteren EL Öl die übrigen 2 Scones zubereiten. Warm halten, während die Sauce vorbereitet wird.

4 Für die Sauce übriges Öl und Butter in einer großen Pfanne bei mittlerer Hitze erwärmen, Lauch darin 4 Minuten anbraten, dabei gelegentlich rühren. Schwarzkohl und Thymian zugeben und unter Rühren 3 MInuten garen, dann Bohnen und Cider zugeben. 5–10 Minuten garen, bis der Cider auf die Hälfte verdampft ist, die Hitze reduzieren, Senf und Sahne einrühren. Mit Salz und Pfeffer abschmecken. Die Scones mit der Sauce anrichten und mit Petersilie bestreut servieren.

GRAUPEN MIT KNOBLAUCH, KRESSE UND CAMEMBERT

FÜR 4 PERSONEN

275 g Graupen (Rollgerste)
2 EL Olivenöl
2 große Knoblauchzehen, grob gehackt
2 TL getrockneter Oregano
1 lange rote Chilischote, gehackt
150 g Brunnenkresse
1–2 EL Zitronensaft zum Abschmecken
200 g Camembert, Rinde entfernt und in mundgerechte Stücke geschnitten
Salz und Pfeffer aus der Mühle

1 Graupen in einer Kasserolle mit mindestens 750 ml Wasser bedecken und zum Kochen bringen. Auf geringe Hitze reduzieren und 25 Minuten zugedeckt köcheln lassen, bis die Körner weich sind, dann abgießen.

2 Öl in einer großen beschichteten Pfanne bei mittlerer Hitze erwärmen. Knoblauch, Oregano und Chili darin 1 Minute anbraten. Graupen zugeben und im Öl wenden. Brunnenkresse und Zitronensaft unterrühren und 2–3 Minuten garen, bis die Kresse zusammenfällt. Camembert zufügen und unter Rühren garen, bis der Käse schmilzt und die Mischung erwärmt ist. Mit Salz und Pfeffer würzen und die Graupen sofort servieren.

YAKISOBA MIT TOFU UND GERÖSTETEN CASHEWKERNEN

Yakisoba ist ein japanisches Gericht mit gebratenen Nudeln. In diesem Rezept schmeckt man Asien: Dazu wird das Gemüse sehr heiß angebraten, bis es gar, aber noch knackig ist. Damit es schnell geht, bereiten Sie am besten alle Zutaten so vor, dass sie griffbereit sind.

FÜR 4 PERSONEN

2 EL Tamari-Sojasauce
1 EL Sesamöl
6 EL Teriyaki-Sauce
350 g Tofu, abgetropft und in etwa 1,5 cm große Würfel geschnitten
4 EL Cashewkerne
1 EL Ketjap manis
325 g Soba-Nudeln
250 g langstieliger Brokkoli, hartes Strunkende entfernt
3 EL Sonnenblumenöl
1 große gelbe Paprikaschote, entkernt und in Streifen geschnitten
2 Knoblauchzehen, fein gehackt
2,5 cm Ingwerwurzel, geschält und in hauchdünne Scheiben geschnitten
8 Frühlingszwiebeln, schräg in Ringe geschnitten
schwarzer Pfeffer aus der Mühle
2 EL eingelegter rosa Ingwer (Sushi-Ingwer) zum Anrichten

1 In einer flachen Schüssel Tamari, Sesamöl und Teriyaki-Sauce verrühren. Tofu darin wenden und mindestens 1 Stunde marinieren.

2 Cashewkerne in einer Pfanne ohne Öl bei mittlerer Hitze in 2–3 Minuten goldbraun rösten, dabei gelegentlich rühren. In einer Schüssel mit Ketjap manis verrühren, zurück in die Pfanne geben und in 1 Minute goldbraun und glänzend rösten, dabei einmal wenden. (Achtung, die Nüsse verbrennen schnell!) Aus der Pfanne nehmen, auf einem Backblech verteilen und abkühlen lassen.

3 Die Nudeln gemäß der Packungsanleitung kochen und 2 Minuten vor Ende der Kochzeit Brokkoli zugeben. Alles abgießen und mit kaltem Wasser abschrecken.

4 Eine große Wokpfanne bei starker Hitze erwärmen. 2 EL Sonnenblumenöl zugeben, den Tofu aus der Marinade nehmen und diese für späteren Gebrauch beiseite stellen. Den Tofu in der Pfanne bei mittlerer Hitze in etwa 8–10 Minuten goldbraun anbraten, dabei gelegentlich wenden. Dann herausnehmen und zugedeckt beiseite stellen.

5 Den Wok mit Küchenpapier auswischen und das übrige Sonnenblumenöl darin bei mittlerer Hitze erwärmen. Paprika, Knoblauch, Ingwer und die weißen Teile der Frühlingszwiebeln zugeben und gut verrühren. Auf geringe Hitze reduzieren und Brokkoli, Nudeln und die übrige Marinade hinzufügen. Rühren, bis alles gut vermischt und erwärmt ist, und mit Pfeffer abschmecken. Zum Servieren auf 4 große, flache Schüsseln verteilen, mit Tofu, Cashews und den grünen Zwiebelringen anrichten und das Nudelgericht mit eingelegtem Ingwer garniert sofort servieren.

KAROTTEN-RÖSTI MIT EI UND KARAMELLISIERTEN TOMATEN

FÜR 4 PERSONEN

650 g Kartoffeln, geschält
2 Karotten, geschält und geraspelt
5 EL Olivenöl zum Braten, plus Öl nach Bedarf
4 Eier
Salz und Pfeffer aus der Mühle

KARAMELLISIERTE TOMATEN

5 EL Olivenöl
350 g Kirschtomaten, halbiert
Blätter von 4 Thymianzweigen
2 EL Balsamicoessig

1 Kartoffeln in Salzwasser etwa 8–10 Minuten kochen, abgießen und abkühlen lassen. In eine Rührschüssel reiben und die geraspelten Karotten zugeben. Mit Salz und Pfeffer würzen, gut vermengen und zu 8 Rösti-Laibchen (ca. 7 cm Durchmesser und ca. 2 cm dick) formen.

2 Backofen auf 70 °C vorheizen. In einer großen, beschichteten Bratpfanne 3 EL Öl bei mittlerer Hitze erwärmen. In mehreren Schritten Rösti auf jeder Seite in 6 Minuten knusprig braten. Hitze reduzieren, wenn sie zu schnell bräunen. Die Laibchen auf Küchenpapier abtropfen lassen und mit Alufolie bedeckt im Ofen warm halten. Für die übrigen Rösti bei Bedarf etwas Öl nachgießen.

3 Für die karamellisierten Tomaten Olivenöl in einer Pfanne bei mittlerer Hitze erwärmen, Tomaten und die Hälfte des Thymians zugeben und 1 Minute garen, dabei die Tomatenhälften einmal wenden. Balsamico zugeben, auf geringe Hitze reduzieren und weitere 2 Minuten unter gelegentlichem Rühren garen, bis die Tomaten karamellisieren. Mit Salz und Pfeffer abschmecken.

4 Für die Spiegeleier die übrigen 2 EL Öl in die ausgewischte Pfanne geben, Eier hineinschlagen und bei mittlerer Hitze 4 Minuten braten, bis das Eiweiß fest, das Eigelb aber noch flüssig ist. Pro Person 2 Rösti mit einem Spiegelei belegen, mit dem übrigen Thymian bestreuen und mit den Tomaten anrichten. Sofort servieren.

TEMPEH MIT ORANGEN-TAMARI-GLASUR

FÜR 4 PERSONEN

frisch gepresster Saft von 3 Orangen
3 EL flüssiger Honig
3 EL Tamari-Sojasauce
¼ TL getrocknete Chiliflocken (optional)
Speisestärke zum Bestäuben
400 g Tempeh, abgetupft und in etwa 5 mm breite Scheiben geschnitten
125 ml Sonnenblumenöl
gekochter Reis als Beilage

1 Orangensaft mit Honig, Tamari und nach Belieben mit Chiliflocken verrühren.

2 Auf einen kleinen Teller Speisestärke geben und die Tempeh-Scheiben darin wenden.

3 Öl in einer großen Pfanne bei mittlerer Hitze erwärmen. Die Hälfte des Tempeh darin in 8–10 Minuten knusprig und hellbraun braten, dabei einmal wenden. Aus der Pfanne nehmen und auf Küchenpapier abtropfen lassen, mit dem übrigen Tempeh ebenso verfahren.

4 Aus der Pfanne das Öl abgießen und die Hälfte des Tempeh mit der Hälfte der Orangensaftmischung darin bei geringer Hitze 2 Minuten braten, bis die Flüssigkeit eindickt und das Tempeh glänzend goldbraun ist. Einmal wenden. Warm halten und mit dem übrigen Tempeh ebenso verfahren, dann mit gekochtem Reis sofort servieren.

SCHWARZE-BOHNEN-GEMÜSE MIT NUDELNESTERN

FÜR 4 PERSONEN
3 EL schwarze Bohnen
2 EL Sojasauce
1 TL Speisestärke
375 ml Sonnenblumenöl
100 g Vermicelli-Reisnudeln
280 g langstieliger Brokkoli, Stiele in Scheiben geschnitten, Röschen im Ganzen
1 große gelbe Paprikaschote, entkernt und in Streifen geschnitten
6 Frühlingszwiebeln, schräg in Ringe geschnitten
4 Pak Choi, Stiele in Scheiben geschnitten und Blätter im Ganzen
2 Zucchini, in Scheiben geschnitten
2,5 cm Ingwerwurzel, geschält, in dünne Scheiben geschnitten
2 große Knoblauchzehen, fein gehackt
2 EL chinesischer Kochwein oder trockener Sherry
1 TL Sesamöl

1 Schwarze Bohnen in einer Schüssel mit kochendem Wasser bedecken und 30 Minuten quellen lassen. Abgießen, dabei 3 EL der Flüssigkeit auffangen. Sojasauce, Quellflüssigkeit und Speisestärke verrühren.

2 In einem großen Wok das Sonnenblumenöl auf 180 °C erhitzen. (Brotprobe: Ein Würfel Brot bräunt bei dieser Temperatur in 40 Sekunden.) Die Hälfte der Nudeln zugeben; sie gehen im Öl sofort auf und werden luftig und knusprig. Mit einem Schaumlöffel herausnehmen und auf Küchenpapier abtropfen lassen. Mit den übrigen Nudeln ebenso verfahren.

3 Vom Frittieröl 1 EL im Wok belassen und den Brokkoli darin bei starker Hitze etwa 1 Minute anbraten. Paprika, Frühlingszwiebel, Pak Choi, Zucchini sowie Ingwer, Knoblauch und Bohnen zugeben und weitere 2 Minuten braten.

4 Auf mittlere Hitze reduzieren. Wein, Sesamöl und Sojasaucenmischung zugeben und kurz köcheln, bis die Flüssigkeit leicht eindickt. Das Gemüse auf 4 flachen Schüsseln anrichten, mit Nudelnestern belegen und das Ganze sofort servieren.

SÜSSKARTOFFEL-ZUCCHINI-OMELETT MIT PAPRIKA

FÜR 4 PERSONEN
350 g Süßkartoffeln, geschält und geviertelt oder halbiert
2 EL Olivenöl
15 g Butter
1 Zwiebel, in dünne Ringe geschnitten
1 Zucchini, gewürfelt
2 Knoblauchzehen, fein gehackt
1 kleine rote Paprikaschote, entkernt und gewürfelt
1 Prise Cayennepfeffer
1 TL Kreuzkümmelsamen
1 TL Koriandersamen, zerdrückt
1 TL getrockneter Thymian
6 Eier, leicht geschlagen
2 EL gehackte Korianderblätter
Salz und Pfeffer aus der Mühle

1 Süßkartoffeln etwa 10 Minuten kochen. Abgießen, kurz abkühlen lassen und in mundgerechte Würfel schneiden.

2 Backofengrill auf hohe Stufe vorheizen. Öl und Butter in einer großen ofenfesten, beschichteten Pfanne bei mittlerer Hitze erwärmen und die Zwiebel darin in 8 Minuten glasig anschwitzen. Zucchini, Knoblauch und Paprika zugeben und unter Rühren weitere 4 Minuten braten. Cayennepfeffer, Kreuzkümmel, Koriandersamen und Thymian unterrühren und 1 weitere Minute garen. Süßkartoffeln unterheben und die Mischung in der Pfanne zu einer glatten Schicht verstreichen.

3 Verquirlte Eier mit Salz und Pfeffer würzen, Korianderblätter zugeben und die Mischung über dem Gemüse verteilen. Alles bei mittlerer Hitze weitere 3 Minuten garen, bis das Ei goldgelb ist und stockt.

4 In der Pfanne 2 Minuten unter dem Backofengrill fertiggaren. In Tortenstücke geschnitten servieren.

BRUSCHETTA MIT GRÜNEN LINSEN, ZUCCHINI UND FETA

Diese gehaltvolle Bruschetta ist mehr als bloß ein klassischer Snack zum Getränk. Mit einem knackigen Salat wird sie zur vollwertigen Mahlzeit. Am besten gelingt sie mit sehr lockerem Weißbrot, das den Belag gut aufnimmt und beim Grillen eine leichte Rauchnote erhält.

FÜR 4 PERSONEN

175 g Puy-Linsen (französische grüne Linsen)

8 dicke Scheiben Ciabatta oder Toskanabrot

Olivenöl zum Bestreichen

2 Zucchini, längs in dünne Scheiben geschnitten

16 kleine Eiertomaten, je nach Größe halbiert oder geviertelt

2 EL gehackte Petersilie

160 g Feta, gewürfelt

DRESSING

1 rote Chilischote, entkernt und fein gehackt

1 EL Ketjap manis

1 EL Balsamicoessig

2 EL natives Olivenöl extra, plus Öl zum Beträufeln (optional)

1–2 EL Zitronensaft

1 Knoblauchzehe, zerdrückt

Salz und Pfeffer aus der Mühle

1 Die Linsen in einer Kasserolle mit Wasser bedecken. Zum Kochen bringen, dann auf geringe Hitze reduzieren, und mit leicht geöffnetem Deckel etwa 25 Minuten köcheln lassen. Abgießen und in eine Rührschüssel geben.

2 Inzwischen eine Grillpfanne auf dem Herd bei mittlerer Hitze erwärmen und die Weißbrotscheiben mit Olivenöl bestreichen. Je 3 bis 4 Scheiben gleichzeitig diagonal darin anordnen und in 5–7 Minuten goldbraun grillen, dabei einmal wenden. Mit den übrigen ebenso verfahren.

3 Die Zucchini vor dem Grillen mit etwas Öl bestreichen und in der heißen Grillpfanne etwa 8 Minuten braten, bis sie weich und stellenweise angeschmort sind. Dabei einmal wenden.

4 Wenn die Linsen fertig sind, für das Dressing alle Zutaten verrühren und die warmen Linsen damit übergießen. Tomatenstücke und Petersilie unterheben.

5 Die gerösteten Brote mit der Linsenmischung belegen und mit Feta und Zucchinistreifen garnieren. Vor dem Servieren nach Belieben mit etwas Öl beträufeln.

VIETNAMESISCHE KOKOS-PFANNKUCHEN MIT GEMÜSE

Diese pikanten Pfannkuchen werden mit Kokosmilch verfeinert und sind etwas dicker als klassische Crêpes. Sie sind eine köstliche Grundlage für das gebratene Gemüse mit Sesam-Ingwer-Dressing in diesem Rezept.

FÜR 4 PERSONEN

1 EL Sonnenblumenöl, plus Öl zum Ausbacken
80 g Cashewkerne
1 Zwiebel, in Ringe geschnitten
175 g Zuckererbsen, geputzt
1 große Karotte, schräg in dünne Scheiben geschnitten
150 g Chinakohl, fein geschnitten
1 Knoblauchzehe, zerdrückt
1 EL Ingwerwurzel, geschält und gerieben
Sesamöl zum Beträufeln
2 EL gehackte Korianderblätter
2 EL Basilikum, gezupft
2 EL gehackte Minzeblätter

KOKOS-PFANNKUCHEN

200 g Reismehl
½ TL Salz
1 TL Kurkumapulver
1 Ei, leicht geschlagen
400 ml Kokosmilch

SESAM-INGWER-DRESSING

1 EL Reisweinessig
Saft von 1 Limette
2 EL Ketjap manis
1 EL Sesamöl, plus Öl zum Beträufeln
1 EL Farinzucker (brauner Zucker)
1 EL Ingwer, geschält und gerieben
1 kleine rote Chilischote, fein gehackt
1 Knoblauchzehe, zerdrückt
½ TL Salz

1 Für die Pfannkuchen Reismehl, Salz und Kurkuma in eine Schüssel sieben. Nach und nach mit Ei, Kokosmilch und 4 EL Wasser verquirlen und alles zu einem cremig-flüssigen Teig verrühren. 30 Minuten ruhen lassen.

2 Inzwischen für das Dressing alle Zutaten in einer kleinen Schüssel verrühren.

3 Den Backofen auf 70 °C vorheizen. Ein wenig Öl in einer großen beschichteten Pfanne bei mittlerer Hitze erwärmen und mit einem zusammengeknüllten Stück Küchentuch gleichmäßig auf dem Pfannenboden verteilen. 125 ml Teig in die Pfanne gießen und zum Verteilen schwenken. Hitze reduzieren und den Pfannkuchen auf jeder Seite in 1–2 Minuten fest und goldbraun backen. Auf einen Teller gleiten lassen und mit den 3 weiteren Portionen Teig ebenso verfahren, bei Bedarf die Pfanne mit mehr Öl ausstreichen. (Falls der erste Pfannkuchen nicht gelingt, reicht die Teigmenge meist für einen weiteren aus.) Fertige Pfannkuchen in Alufolie wickeln und im Ofen warm halten.

4 Inzwischen für das gebratene Gemüse Cashewkerne in einem Wok ohne Öl bei mittlerer Hitze in 2–3 Minuten hellbraun rösten, herausnehmen. Sonnenblumenöl im Wok bei starker Hitze erwärmen und die Zwiebel darin 3 Minuten anbraten. Zuckererbsen und Karotten zugeben und weitere 2 Minuten braten. Chinakohl, Knoblauch und Ingwer unterheben und 1 weitere Minute braten, dann mit etwas Sesamöl beträufeln.

5 Auf 4 Tellern jeweils 1 Kokos-Pfannkuchen mit gebratenem Gemüse belegen und mit dem Löffel das Dressing darüber verteilen. Mit Cashews, Koriander, Basilikum und Minze garniert servieren.

REISKUCHEN AUF KOHLGEMÜSE MIT ZITRONEN-CHILI-BUTTER

Knusprig gebratene Reiskuchen mit mediterranem Touch: In diesem Rezept trifft Chiliaroma auf die Frische von Feta und Thymian.

FÜR 4 PERSONEN

150 g brauner Basmatireis
5 Frühlingszwiebeln, fein gehackt
1 Karotte, in lange dünne Streifen geschnitten
1 lange rote Chilischote, entkernt und fein gehackt
1 EL Thymianblätter
2 Eier, leicht geschlagen
4 EL Mehl (Type 550)
4 EL Sahne
85 g Feta, grob zerkrümelt
4 EL Sonnenblumenöl oder mehr nach Bedarf
Salz und Pfeffer aus der Mühle

KOHLGEMÜSE MIT ZITRONEN-CHILI-BUTTER

300 g Spitzkohl, fein geschnitten
1 rote Chilischote, entkernt und in dünne Ringe geschnitten
25 g Butter
1–2 EL Zitronensaft, plus Zitronenspalten zum Anrichten

1 Reis in einer Kasserolle etwa 1 cm hoch mit Wasser bedecken. Zum Kochen bringen, dann auf geringste Stufe reduzieren und zugedeckt 25–30 Minuten köcheln lassen, bis das Wasser aufgesogen ist. Vom Herd nehmen und 5 Minuten zugedeckt ziehen lassen, dann den Reis auf einem Backblech ausbreiten und vollständig auskühlen lassen.

2 Reis in einer großen Schüssel mit Frühlingszwiebeln, Karotte, Chili, Thymian, Eiern, Mehl und Sahne verrühren. Mit Salz und Pfeffer würzen und gut vermischen. Vorsichtig den Feta unterheben, damit er nicht zu stark zerfällt.

3 Den Backofen auf 70 °C (vorheizen. Inzwischen das Öl in einer großen beschichteten Bratpfanne bei mittlerer Hitze erwärmen. Für jeden Reiskuchen ein Viertel der Masse als Häufchen in die Pfanne setzen und mit dem Pfannenwender etwa 2 cm dick verstreichen. Hitze reduzieren und je 2 Kuchen gleichzeitig auf jeder Seite 3 Minuten braten. Auf Küchenpapier abtropfen lassen, auf einem ofenfesten Teller mit Alufolie bedecken und im Backofen warm halten, inzwischen 2 weitere Reiskuchen ebenso zubereiten. Bei Bedarf mehr Öl zugeben.

4 Inzwischen den Spitzkohl in kochendem Wasser 2 Minuten blanchieren, abgießen und zurück in die Kasserolle geben. Chili und Butter zugeben und den Kohl darin wenden. Mit Salz und Pfeffer abschmecken und Zitronensaft darüberträufeln. Den Kohl auf 4 Teller verteilen, mit der übrigen Buttersauce übergießen und je einen Reiskuchen darauf anrichten. Mit Zitronenspalten garnieren. Sofort servieren.

ZITRONENGRAS-GYOZA MIT GEGRILLTEM SPARGEL

Gyoza sind beliebte japanische Teigtaschen, hier mit Gemüsefüllung. Ihr Teig ist etwas dicker als der von Wan Tans (dieses Rezept kann auch mit Wan-Tan-Teig zubereitet werden). Gyoza können auch gedämpft oder gebraten werden.

FÜR 4 PERSONEN

16 Spargelstangen, geputzt
2 TL Sesamöl
2 TL Sonnenblumenöl
3 EL gehackte Korianderblätter
Salz und Pfeffer aus der Mühle

GYOZA

270 g gekochte Aduki-Bohnensprossen
1 TL Sesamöl
2 EL helle Sojasauce
40 g ungeschälter Ingwer, grob gerieben
3 Frühlingszwiebeln, fein gehackt
2 Knoblauchzehen, zerdrückt
½ TL Speisestärke
50 g Weißkohl, fein gehackt
24 Gyoza-Teigfladen, aufgetaut
375 ml Sonnenblumenöl zum Frittieren

ZITRONENGRAS-FOND

11/4 l Gemüsebrühe
2 Zweige Zitronengras, äußere Blätter entfernt, fein gehackt
4 Kaffir-Limettenblätter
50 g Ingwerwurzel, geschält und in dünne Scheiben geschnitten
1 EL vegetarische Fischsauce
Saft von 1 Limette
½ TL feiner Zucker
300 ml Kokosmilch
1 lange rote Chilischote, entkernt und in Ringe geschnitten

1 Für die Gyoza Aduki-Sprossen, Sesamöl und die Hälfte der Sojasauce in einer Schüssel vermischen und mit der Gabel grob zerdrücken, sodass einige Bohnen ganz bleiben. Ingwer, Zwiebel, Knoblauch, Speisestärke und Kohl unterheben, mit Salz und Pfeffer würzen und gut verrühren.

2 1 gehäuften EL von der Füllung in der Mitte jedes Teigfladens aufbringen, um die Gyoza so dick wie möglich zu füllen. Den Teigrand rundum mit Wasser bestreichen, einen zweiten Teigfladen darauflegen und zum Verschließen festdrücken. 11 weitere Gyozas auf dieselbe Weise vorbereiten.

3 Für den Zitronengras-Fond Gemüsebrühe, Zitronengras, Limettenblätter, Ingwer, Fischsauce sowie Limettensaft und Zucker in einer großen Kasserolle zum Kochen bringen. Auf geringe Hitze reduzieren und 15 Minuten köcheln lassen, dann den Fond durch ein Sieb in eine frische Schüssel gießen und zurück in die Kasserolle gießen. Die übrige Sojasauce, Kokosmilch und Chili zugeben und weitere 5 Minuten garen, bis etwas Flüssigkeit verdampft ist und der Fond leicht eindickt. Mit Salz und Pfeffer abschmecken.

4 Inzwischen den Backofen auf 70 °C vorheizen und auf dem Herd eine Grillpfanne bei mittlerer Hitze erwärmen. Spargel in Sonnenblumenöl und Sesam wenden und in 5–7 Minuten weich braten, dabei gelegentlich wenden. Auf einem ofenfesten Teller im Backofen warm halten.

5 Zum Frittieren der Gyoza das übrige Öl in einer tiefen Kasserolle auf 180 °C erhitzen. (Brotprobe: Ein Würfel Brot bräunt bei dieser Temperatur in 40 Sekunden.) Je 3 Gyoza in 2 Minuten frittieren, bis sie goldbraun sind und aufgehen, dabei einmal wenden. Mit einem Schaumlöffel aus dem heißen Öl nehmen, auf Küchenpapier abtropfen lassen und auf einem ofenfesten Teller im Backofen warm halten. Mit den übrigen Teigtaschen ebenso verfahren.

6 Zum Anrichten den Fond falls nötig erneut aufwärmen und in 4 große flache Schüsseln füllen. Mit Koriander bestreuen und in jede Schüssel je 3 Teigtaschen schichten. Mit Spargelstücken garnieren und das Ganze sofort servieren.

TOFU IM BIERTEIG MIT MINZ-EDAMAME UND SÜSSKARTOFFEL-FRITES

Das klassische britische »Fish and Chips« einmal anders. Dabei muss genügend Öl verwendet werden, damit der Tofu eine knusprig goldbraune Panade erhält. Dasselbe gilt für die Süßkartoffeln: Niemand mag matschige Pommes.

FÜR 4 PERSONEN

100 g Mehl (Type 550), plus Mehl zum Bestäuben
½ TL Salz, plus Salz zum Abschmecken
½ TL scharfes Chilipulver
1 Ei, leicht geschlagen
100 ml Bier oder Ale
400 g fester Tofu, abgetropft und in 12 x 1 cm große Scheiben geschnitten
500 ml Sonnenblumenöl zum Frittieren
800 g Süßkartoffeln, geschält, geputzt und in dicke Streifen geschnitten
schwarzer Pfeffer aus der Mühle

MINZ-EDAMAME

250 g tiefgekühlte ausgelöste Edamame (grüne Sojabohnen)
40 g Butter
1 EL Ingwerwurzel, geschält und fein gerieben
1 Handvoll gehackte Minzeblätter
1 rote Chilischote, entkernt und fein gehackt

1 Für den Backteig Mehl, Salz und Chilipulver in eine Rührschüssel sieben. Nach und nach Ei und Bier unterheben und alles zu einer geschmeidigen Masse verrühren. 20 Minuten ruhen lassen.

2 Den Backofen auf 70 °C vorheizen. Zum Frittieren das Öl in einer großen, tiefen Kasserolle auf 180 °C erhitzen. (Brotprobe: Ein Würfel Brot bräunt bei dieser Temperatur in 40 Sekunden.) Jede Tofuscheibe mit Mehl bestäuben, in den Backteig tauchen und vorsichtig in das heiße Öl geben. Je 4 Scheiben in 3–4 Minuten knusprig goldbraun frittieren, dann auf Küchenpapier abtropfen lassen. Auf einem ofenfesten Teller im Backofen warm halten, mit den übrigen Tofuscheiben ebenso verfahren.

3 Für die Süßkartoffel-Frites das Öl falls nötig erneut erhitzen. Die Hälfte der Sticks in 5 Minuten knusprig goldbraun frittieren, dann mit Küchenpapier abtupfen, auf einem weiteren ofenfesten Teller in den Ofen stellen und die übrigen Süßkartoffeln ebenso frittieren.

4 Inzwischen die Edamame in 3–5 Minuten weich kochen. Abgießen, zurück in die Kasserolle geben und Butter, Ingwer, Minze und Chili zugeben. Bei mittlerer Hitze erwärmen und rühren, bis die Bohnen gleichmäßig mit Gewürzen bedeckt sind, dann mit einer Gabel grob zerdrücken.

5 Süßkartoffel-Frites auf 4 Tellern anrichten und mit Salz und Pfeffer würzen. Mit gebackenem Tofu belegen und alles zusammen mit dem Edamame-Mus sofort servieren.

UDON-NUDELN MIT ZUCKERERBSEN IN SZECHUAN-DRESSING

Das scharfe Erdnuss-Dressing schafft einen köstlichen Gegensatz zu den deftig gebratenen Nudeln und dem knackigen Gemüse.

FÜR 4 PERSONEN

5 Frühlingszwiebeln
1 EL Erdnussöl
1 große rote Paprikaschote, entkernt und längs in Streifen geschnitten
150 g Zuckererbsen
800 g Udon-Nudeln, gekocht
1 Handvoll Bohnensprossen
einige Korianderblätter
3 EL Sonnenblumenkerne, geröstet
2 gehäufte EL Brokkolisamen

SZECHUAN-DRESSING

6 EL cremige Erdnussbutter
150 ml Gemüsebrühe
2 EL helle Sojasauce
2 TL Sesamöl
1 EL Erdnussöl
3 Knoblauchzehen, zerdrückt
5 cm Ingwerwurzel, geschält und gerieben
2 rote Chilischoten, entkernt und gehackt

1 Für das Dressing Erdnussbutter, Gemüsebrühe, Sojasauce, Sesamöl und 5 EL Wasser verrühren. Eine große Wokpfanne bei mittlerer Hitze erwärmen, Erdnussöl zugeben und Knoblauch, Ingwer und Chili darin 1 Minute anbraten. Vom Herd nehmen und die Erdnussbutter-Mischung unterrühren, dann in eine Schüssel füllen.

2 3 Frühlingszwiebeln schräg in dünne Ringe, die restlichen in lange dünne Streifen schneiden. Den Wok sauber auswischen und bei starker Hitze erwärmen. Erdnussöl zugeben und die Zwiebelringe, Paprika und Erbsen etwa 2 Minuten anbraten. Mit einem Schaumlöffel aus dem Wok nehmen.

3 Die Udon-Nudeln und das Dressing zugeben und vorsichtig verrühren, sodass die Nudeln nicht aneinanderkleben und gleichmäßig mit Dressing bedeckt sind. Gemüse und Bohnensprossen zugeben und alles unter Rühren 3 Minuten erwärmen.

4 Udon und Fond auf 4 große flache Schüsseln verteilen, mit Zwiebelstreifen bestreuen und mit Koriander, Sonnenblumenkernen und Brokkolisprossen garnieren. Sofort servieren.

WARMER ZUCCHINI-ZITRONEN-SALAT MIT MAJORAN

FÜR 4 PERSONEN
3 EL natives Olivenöl extra
2 Knoblauchzehen, in dünne Scheiben geschnitten
3 Zucchini, in diagonalen Scheiben
2 EL Majoran- oder Oreganoblätter
2 EL Zitronensaft
Salz und Pfeffer aus der Mühle

1 Olivenöl in einer großen beschichteten Pfanne bei mittlerer Hitze erwärmen. Knoblauch und Zucchini zugeben und unter Rühren in 3 Minuten weich anbraten.
2 Auf geringe Hitze reduzieren, Majoran und Zitronensaft unterrühren und mit Salz und Pfeffer abschmecken. Den Salat sofort servieren.

SESAM-TAHINA-SPINAT

FÜR 4 PERSONEN
1 EL Sesamsamen
1 EL Sonnenblumenöl
2 Knoblauchzehen, fein gehackt
400 g Blattspinat, harte Stängel entfernt
2 EL Mirin oder trockener Sherry
1 EL weißes Tahina (Sesampaste)
2 TL dunkles Sesamöl
Salz und Pfeffer aus der Mühle

1 Sesamsamen in einem Wok ohne Öl in 5–7 Minuten goldbraun rösten, dabei gelegentlich rühren, herausnehmen.
2 Sonnenblumenöl im Wok bei mittlerer Hitze erwärmen und Knoblauch darin 30 Sekunden anbraten. Spinat zugeben und 2 Minuten braten, bis er zusammenfällt.
3 Mirin, Tahina, Sesamöl und 2 EL Wasser zugeben und verrühren, bis der Spinat gleichmäßig bedeckt ist. Mit Salz und Pfeffer würzen, mit Sesam bestreuen und sofort servieren.

LANGSAM GEGARTE KARTOFFELN

Lange und bei sehr geringer Hitze gegart, erhalten Kartoffeln einen goldbraunen Boden und zergehen samtweich auf der Zunge – ein herrliches Verwöhnessen!

FÜR 4 PERSONEN
5 Safranfäden
100 ml heiße Gemüsebrühe
25 g Butter
3 EL Olivenöl
650 g Kartoffeln, geschält und in dünne Scheiben geschnitten
4 Knoblauchzehen, in feine Scheiben geschnitten
Salz und Pfeffer aus der Mühle

1 Safran in die Gemüsebrühe einrühren und 5 Minuten ziehen lassen. Inzwischen Butter und Öl in einer großen, tiefen beschichteten Pfanne bei mittlerer Hitze erwärmen und die Kartoffeln darin in 3–4 Minuten goldgelb sautieren, eventuell in mehreren Durchgängen, wenn die Pfanne zu klein ist.
2 Kartoffeln in zwei gleichmäßigen Schichten in der Pfanne verteilen und mit dem Safranfond übergießen. Knoblauch darüberstreuen und mit Salz und Pfeffer würzen.
3 Zum Kochen bringen, dann auf geringe Hitze reduzieren. Mit einem runden Stück Backpapier abdecken, damit die Kartoffeln nicht austrocknen, und mit einem passenden Deckel zugedeckt 40 Minuten ohne Wenden garen. Die Kartoffeln sofort servieren.

KARTOFFELN UND BLUMENKOHL MIT GEBRATENEM CURRY

Was wären Kartoffeln und Blumenkohl ohne Gewürze? In diesem Rezept sind es Kreuzkümmel, Senfkörner und Curryblätter, die mit dem Blumenkohl besonders gut harmonieren.

FÜR 4 PERSONEN
2 Kartoffeln, geschält und halbiert
300 g Blumenkohl, in kleine Röschen geteilt
2 EL Sonnenblumenöl
Blätter von 2 Curryzweigen
2 große Knoblauchzehen, in dünne Scheiben geschnitten
2 TL Kreuzkümmelsamen
2 TL gelbe Senfkörner
2 TL Fenchelsamen
1 rote Chilischote, entkernt und fein gehackt
1 TL Kurkumapulver
2 EL Zitronensaft
Salz und Pfeffer aus der Mühle

1 Die Kartoffeln in einem Dampfgarer etwa 12 Minuten dämpfen, herausnehmen und abkühlen lassen, dann in mundgerechte Würfel schneiden. Den Blumenkohl etwa 3 Minuten dämpfen, mit kaltem Wasser abschrecken.
2 Sonnenblumenöl in einer großen Wokpfanne bei mittlerer Hitze erwärmen und die Curryblätter darin in 2–3 Minuten knusprig anbraten. Mit einem Schaumlöffel herausnehmen und auf Küchenpapier abtropfen lassen. Knoblauch, Kreuzkümmel, Senf- und Fenchelsamen sowie Chili in den Wok geben und 1 Minute unter Rühren anbraten.
3 Kartoffeln und Blumenkohl wieder in den Wok zugeben und in der Gewürzmischung wenden. Kurkuma und Zitronensaft hinzufügen und mit Salz und Pfeffer abschmecken. Das Ganze mit Curryblättern garniert servieren.

ROSENKOHL UND SCHALOTTEN IN INGWERGLASUR

Rosenkohl ist besser als sein Ruf. Kurz pfannengebraten bleibt er knackig-grün und schmeckt milder.

FÜR 4 PERSONEN
200 g kleine Schalotten, geschält
200 g Rosenkohl, geputzt
2 EL Sonnenblumenöl
25 g Butter
5 cm Ingwerwurzel, geschält und fein gehackt
1 großer EL flüssiger Honig
Salz und Pfeffer aus der Mühle

1 Die Schalotten in kochendem Wasser 2 Minuten blanchieren, Rosenkohl zugeben und weitere 2 Minuten garen. Abgießen und mit kaltem Wasser abschrecken.
2 Das Öl in einer Wokpfanne bei mittlerer Hitze erwärmen. Schalotten und Rosenkohl darin 3 Minuten anbraten, bis sie weich werden. Dann die Hitze etwas reduzieren und die Butter zugeben. Wenn die Butter geschmolzen ist, Ingwer und Honig zugeben und mit Salz und Pfeffer würzen.
3 Die Mischung 1 weitere Minute braten, bis das Gemüse gleichmäßig mit der Ingwer-Honig-Glasur bedeckt ist, und sofort servieren.

VANILLE-RISOTTOKUCHEN MIT KARAMELLGUSS

Ob pikant oder süß, für Risottoreis gilt eine Grundregel: Die Kochflüssigkeit – hier mit Vanille aromatisierte Milch – nach und nach einrühren, bis die Körner weich sind und die Masse sämig wird.

FÜR 4 PERSONEN
900 ml Vollmilch
1 Vanilleschote, längs halbiert, das Mark herausgekratzt, oder 2 TL Vanillebohnenpaste
25 g Butter, plus Butter zum Braten
200 g Arborio-Reis
50 g Rosinen (optional)
50 g feiner Zucker

KARAMELLGUSS
100 g feiner Zucker
25 g Butter
6 EL Sahne

1 Milch mit Vanilleschote und -mark in einer Kasserolle bei mittlerer Hitze fast zum Kochen bringen, dann vom Herd nehmen und 5 Minuten ziehen lassen. Schote dann entfernen.
2 Butter in einer stabilen Kasserolle bei geringer Hitze zerlassen, Reis zugeben und 2 Minuten rühren, bis der Reis gleichmäßig von Fett überzogen ist und glänzt. Nach Belieben Rosinen unter den Reis rühren, dann nach und nach die Milch zugeben. Unter regelmäßigem Rühren etwa 25 Minuten garen, bis die Milch vollständig aufgesogen und der Reis weich und seidig ist. Zucker einrühren und die Masse vom Herd nehmen, 5 Minuten abkühlen lassen.
3 Eine quadratische Back- oder Springform (18 cm) mit Backpapier auslegen. Reismasse gleichmäßig etwa 2 cm dick auftragen, mit einem nassen Spatelmesser glattstreichen und ruhen lassen, bis sie vollständig auskühlt und fest wird.
4 Reis aus der Form stürzen und mit einem angefeuchteten Messer in 9 Quadrate schneiden.
5 Für den Karamellguss Zucker und 3 EL Wasser in eine tiefe Kasserolle geben, bei geringer Hitze in 3–5 Minuten unter Rühren zum Kochen bringen, bis sich der Zucker auflöst. Weitergaren, bis der Zucker tief goldbraun wird, dabei den Topf regelmäßig schwenken, anstatt zu rühren. Vom Herd nehmen, die Butter unterrühren, dann die Sahne zugeben. Am besten mit einem Topfhandschuh anfassen, falls die Masse überschäumt. Bei geringer Hitze erneut erwärmen und mit einem Schneebesen rühren, bis die Masse geschmeidig ist, dann vom Herd nehmen.
6 Den Backofen auf 70 °C vorheizen. Bei mittlerer Hitze ausreichend Butter schmelzen, um den Boden einer großen beschichteten Pfanne damit auszustreichen. Die Hälfte der Reiskuchen darin auf jeder Seite in 3 Minuten goldbraun braten, bei Bedarf die Hitze reduzieren. Fertige Reiskuchen auf einem ofenfesten Teller im Backofen warm halten, mit den übrigen Kuchen ebenso verfahren.
7 Je 2 Risottokuchen auf 4 Tellern anrichten (dabei bleibt 1 Stück übrig). Die Kuchen mit Karamellguss beträufelt servieren.

BANANEN MIT KOKOS-LIMETTEN-CREME UND WAN-TAN-CHIPS

FÜR 4 PERSONEN
40 g Butter
4 große reife Bananen
2 EL flüssiger Honig
1 TL chinesisches Fünf-Gewürze-Pulver
4 EL brauner Rum

KOKOS-LIMETTEN-CREME
6 EL Naturjoghurt (3,6 %)
2 gehäufte EL Kokoscreme
1 EL Puderzucker
fein abgeriebene Schale von ½ unbehandelten Limette

WAN-TAN-CHIPS
100 ml Sonnenblumenöl zum Braten
4 eckige Wan-Tan-Blätter
2 EL flüssiger Honig
1 EL Sesamsamen

1 Für die Wan-Tan-Chips das Öl in einer Bratpfanne auf 170 °C erhitzen. (Brotprobe: Ein Würfel Brot bräunt bei dieser Temperatur in 50 Sekunden.) Die Wan-Tan-Blätter auf jeder Seite in 1 Minute goldbraun und knusprig frittieren, dann auf Küchenpapier abtupfen. Honig in einer kleinen Kasserolle erwärmen, die Chips auf einer Seite damit bestreichen und mit Sesam bestreuen.

2 Für die Kokos-Limetten-Creme Joghurt mit Kokoscreme und Puderzucker in einer kleinen Schüssel verrühren. Mit Limettenschale bestreuen.

3 Butter in einer großen beschichteten Pfanne bei mittlerer Hitze zerlassen. Die Bananen schälen, der Länge nach halbieren und so in der Pfanne anordnen, dass sie einander nicht überlappen. Bei Bedarf in mehreren Durchgängen auf jeder Seite 1 Minute braten, dann vorsichtig aus der Pfanne nehmen.

4 Honig, Gewürzpulver und Rum zugeben und 1 Minute unter Rühren garen, bis die Sauce eindickt. Bananen wieder zugeben, gut darin wenden und in der sirupartigen Sauce weitere 2 Minuten garen. Bananen mit der Sauce anrichten und zusammen mit Kokoscreme und Wan-Tan-Chips servieren.

ARME RITTER MIT NEKTARINEN UND ZITRONENGRAS

FÜR 4 PERSONEN
2 Eier, leicht geschlagen
4 EL Milch
1 TL Vanilleextrakt
1 TL Piment gemahlen
1 EL Ahornsirup, plus Sirup zum Beträufeln
40 g Butter
4 dicke Scheiben Brioche
griechischer Joghurt zum Anrichten

NEKTARINEN MIT ZITRONENGRAS
1 Zweig Zitronengras, äußere Blätter entfernt, fein gehackt
1 EL feiner Zucker
3 noch nicht vollreife Nektarinen, halbiert, entsteint und in dicke Spalten geschnitten

1 Backofen auf 70 °C vorheizen. Für die Nektarinen Zitronengras, Zucker und 125 ml Wasser in einer Kasserolle unter Rühren zum Kochen bringen. Hitze reduzieren, Nektarinenspalten zugeben und 5–7 Minuten garen. Vom Herd nehmen und im eigenen Sirup ziehen lassen. Nach Geschmack mehr Zucker zugeben.

2 In einer flachen Schüssel Eier mit Milch, Vanilleextrakt, Piment und Ahornsirup verquirlen.

3 Die Hälfte der Butter in einer großen beschichteten Pfanne bei mittlerer Hitze zerlassen. Die Briochescheiben beidseitig in die Eiermischung tunken und in der Pfanne in 3–4 Minuten goldbraun anbraten, dabei einmal wenden. Auf einem Teller im Backofen warm halten.

4 Die Briochescheiben auf 4 Teller verteilen und nach Belieben mit etwas Ahornsirup beträufeln. Das Zitronengras entfernen und Nektarinen mit etwas Saft auf den Tellern anrichten. Zusammen mit dem Joghurt sofort servieren.

BUTTERMILCH-PFANNKUCHEN MIT SAUERKIRSCHEN

FÜR 4 PERSONEN
200 g Mehl (Type 550)
1 große Prise Salz
1 TL Zimt
1 TL Backsoda
3 EL feiner Zucker
2 Eier, leicht geschlagen
300 ml plus 2 EL Buttermilch
3 EL Milch
100 g getrocknete Sauerkirschen
Sonnenblumenöl zum Ausbacken
Heidelbeeren zum Anrichten
griechischer Joghurt zum Anrichten
Ahornsirup oder Golden Syrup zum Beträufeln

1 Mehl mit Salz, Zimt, Backsoda und Zucker in eine große Rührschüssel sieben, gut verrühren und in der Mitte eine Vertiefung machen. Eier, Buttermilch und Milch in die Mulde gießen und von außen nach innen alles verkneten. Zu einem geschmeidigen, dickflüssigen Teig schlagen und diesen 20 Minuten ruhen lassen. Dann getrocknete Sauerkirschen einrühren.

2 Backofen auf 70 °C vorheizen. Etwas Öl bei mittlerer Hitze in einer großen beschichteten Pfanne erwärmen und Überschüsse mit Küchenpapier auswischen. 3 EL Teig in der Pfanne verteilen, Hitze reduzieren und 2–3 Minuten braten, bis die Oberfläche leichte Bläschen wirft, dann wenden und weitere 2 Minuten braten. Auf einem ofenfesten Teller im Backofen warm halten, mit dem übrigen Teig ebenso verfahren.

3 Pro Person bis zu 3 Pfannkuchen mit Heidelbeeren und einem großen Löffel Joghurt anrichten und mit Ahornsirup beträufelt servieren.

APFEL UND BANANE IM SESAMMANTEL

FÜR 4 PERSONEN
100 g Mehl (Type 550)
1 große Prise Salz
5 EL Milch
500 ml Sonnenblumenöl
2 Eiweiß
2 EL Sesamsamen
3 Bananen
2 Äpfel
1 EL Zitronensaft
feiner Zucker zum Bestreuen

1 Mehl und Salz in eine Schüssel sieben. In der Mitte eine Vertiefung machen und Milch, 1 EL Öl und 5 EL Wasser hineingießen, von außen nach innen alles verkneten. Zu einem dickflüssigen, geschmeidigen Teig schlagen. 20 Minuten ruhen lassen.

2 Backofen auf 70 °C vorheizen. In einer weiteren Schüssel Eiweiß zu weichem Schnee schlagen und in 2 Portionen unter die Teigmasse heben. Sesam einrühren.

3 Bananen schälen, längs und quer halbieren. Äpfel schälen, ohne das Kerngehäuse wegzuschneiden, und in 5 mm dünne Spalten schneiden, dabei die Kerne entfernen. Früchte mit Zitronensaft bestreichen, damit sie nicht braun werden.

4 Zum Frittieren das übrige Öl in einer breiten, tiefen Kasserolle auf 180 °C erhitzen. (Brotprobe: Ein Würfel Brot bräunt bei dieser Temperatur in 40 Sekunden.) Bananenstücke in den Teig tauchen und je 5 Stück in 2–3 Minuten goldbraun backen. Mit einem Schaumlöffel herausnehmen und mit Küchenpapier abtupfen. Fertige Bananen auf einem feuerfesten Teller im Ofen warm halten. Apfelstücke mit Küchenpapier trockentupfen und auf dieselbe Weise wie die Bananen backen. Die fertigen Früchte mit Zucker bestreuen und sofort servieren.

ZIMT-DONUTS MIT SCHOKOLADENSAUCE

Ein locker-luftiger Teig, das feine Aroma von Orangenschalen und frisch serviert – die Donuts schmecken mit der reichhaltigen Schokoladensauce am besten.

FÜR 4–6 PERSONEN
100 g Sahne
1 Ei (Größe L), leicht geschlagen
60 g feiner Zucker
100 ml frisch gepresster Orangensaft
fein abgeriebene Schale von 1 unbehandelten Orange
3 EL Olivenöl
425 g Mehl (Type 550) mit 15 g Backpulver vermischt, plus Mehl für die Arbeitsfläche
500 ml Sonnenblumenöl zum Frittieren

ZIMTSTAUB
5 EL feiner Zucker
1 TL Zimt

SCHOKOLADENSAUCE
200 ml Milch
50 g Schokolade, grob gehackt
2 TL Speisestärke
40 g feiner Zucker

1 In einer großen Rührschüssel Sahne mit Ei, Zucker, Orangensaft, Orangenschale und Olivenöl gut verquirlen. Die Mehl-Backpulver-Mischung in die Schüssel sieben und rasch zu einem glatten Teig mixen.

2 Den Teig auf einer leicht bemehlten Arbeitsfläche 1 Minute zu einer weichen Kugel kneten. Mit bemehlten Händen in 16 Portionen teilen, jede Portion etwa 15 cm lang rollen, die Enden zusammenpressen, um einen Ring zu formen. Mit dem Finger in der Mitte ein Loch bohren und die Ringe auf einen leicht bemehlten Teller legen.

3 Für den Zimtstaub Zucker und Zimt auf einem Teller vermischen. Dann für die Schokoladensauce die Hälfte der Milch in einer Kasserolle bei mittlerer Hitze fast zum Kochen bringen, auf geringe Hitze reduzieren und die Schokolade unterrühren, bis sie geschmolzen ist. Die übrige Milch mit Speisestärke und Zucker in einer Schüssel verrühren und unter die Schokoladenmischung mengen. Bei geringer Hitze 3–5 Minuten rühren, bis die Masse eindickt, dann in einer Servierschüssel anrichten.

4 Backofen auf 70 °C vorheizen. Das Öl in einer breiten, tiefen Kasserolle auf 180 °C erhitzen. (Brotprobe: Ein Würfel Brot bräunt bei dieser Temperatur in 40 Sekunden.) Je 3 Donuts in etwa 4 Minuten im Öl goldbraun herausbacken, dabei einmal wenden. Mit Küchenpapier abtupfen und die fertigen Donuts auf einem ofenfesten Teller im Backofen warm halten.

5 Die Donuts im Zimtstaub wälzen und zusammen mit der Schokoladensauce warm servieren.

Dämpfen ist eine sanfte, gesunde Zubereitungsart, perfekt für empfindliche Zutaten. Nicht nur Nährstoffe bleiben erhalten, Dämpfen ist auch überraschend vielseitig: Gemüse ist schnell gegart, bleibt frisch und knackig und behält seinen Eigengeschmack. Aber auch für Speisen, die langsam garen sollen, ist Dämpfen ideal, etwa für Puddings.

DÄMPFEN

Wan Tans mit Erbsenmus und Ingwer, Seite 129

FRÜHLINGSGEMÜSE MIT KNUSPRIGEM NUSS-CRUMBLE

Gegensätze, die sich perfekt ergänzen: Der knusprige Nuss-Crumble ist fein würzig, das Gemüse ist zart und bleibt beim Dämpfen frisch und farbenfroh.

FÜR 4 PERSONEN

100 g dicke Bohnen, ausgelöst
200 g Babykarotten, geputzt
150 g feine grüne Bohnen (z. B. Keniabohnen)
150 g Spargelstangen, geputzt
150 g Baby-Zucchini, längs halbiert
1 EL Olivenöl
1 EL Zitronensaft
½ TL Dijon-Senf
Meersalz und Pfeffer aus der Mühle

WALNUSS-CRUMBLE

70 g Walnusskerne
1 EL Olivenöl
25 g Butter
70 g Semmelbrösel, am besten frisch gerieben
1 große Knoblauchzehe, fein gehackt
1 rote Chilischote, entkernt und gehackt

HARISSA-MAYONNAISE

125 ml Mayonnaise
1 Knoblauchzehe, sehr fein gehackt
1 TL Harissa

1 Zunächst die Mayonnaise mit Knoblauch und Harissa verrühren.

2 Für den Crumble die Walnüsse in einer Pfanne ohne Öl bei mittlerer Hitze in 4–5 Minuten goldbraun rösten, dabei gelegentlich rühren. Anschließend grob hacken. Olivenöl und Butter in einer Bratpfanne bei mittlerer Hitze erwärmen und die Semmelbrösel darin unter Rühren in etwa 3 Minuten knusprig und hellbraun braten. Knoblauch und Chili unterheben und weitere 2 Minuten unter Rühren garen. Vom Herd nehmen und die gerösteten Nüsse unterheben.

3 Dicke Bohnen 3 Minuten dämpfen und kurz abkühlen lassen, dann die äußere Haut entfernen, sodass nur das hellgrüne Innere übrigbleibt. Bohnen warm halten, inzwischen Karotten und grüne Bohnen in 5 Minuten weich dämpfen. Ebenfalls warm halten, inzwischen Spargel und Zucchini in etwa 3 Minuten weich dämpfen.

4 In der Zwischenzeit Olivenöl, Zitronensaft und Senf verrühren und mit Salz und Pfeffer würzen. Das warme Gemüse damit übergießen, Walnuss-Crumble darauf verteilen und das Ganze zusammen mit der Harissa-Mayonnaise servieren.

WARMER BROKKOLI-MOZZARELLA-SALAT MIT CHILI

FÜR 4 PERSONEN
400 g langstieliger Brokkoli, geputzt
4 EL Olivenöl
2 große Knoblauchzehen, in dünne Scheiben geschnitten
1 lange rote Chilischote, entkernt und in dünne Ringe geschnitten
2 EL kleine Kapern, abgespült und abgetropft
4 EL Zitronensaft
250 g Mozzarella (am besten Büffelmozzarella), abgetropft
Salz und Pfeffer aus der Mühle
Basilikumblätter zum Anrichten

1 Brokkoli in etwa 3–4 Minuten weich dämpfen.
2 Inzwischen das Öl in einer Pfanne bei mittlerer Hitze erwärmen und Knoblauch, Chili und Kapern 1 Minute unter Rühren anbraten. Zitronensaft zugeben und mit Salz und Pfeffer würzen.
3 Den warmen Brokkoli auf einer Platte anrichten. Den Mozzarella in mundgerechte Stücke reißen und auf dem Brokkoli verteilen, mit der Knoblauchmischung übergießen und das Ganze mit Basilikumblättern garniert servieren.

JAPANISCHER NUDELSALAT MIT SESAM-TOFU-DRESSING

Scharfe Togarashi-Würze verleiht diesem Salat ein eigenes Aroma. Nudeln und Gemüse können gut vorbereitet werden, wenn sie nach dem Kochen kalt abgegossen und luftdicht verschlossen aufbewahrt werden.

FÜR 4 PERSONEN
250 g Soba-Nudeln
2 EL Sesamsamen
2 Karotten, in dünne Streifen geschnitten
2 Lauchstangen, halbiert und längs in dünne Streifen geschnitten
160 g Zuckererbsen
200 g Spargelspitzen, geputzt
2 EL fein gehackter Schnittlauch
½ TL Togarashi-Gewürzmischung (optional)

SESAM-TOFU-DRESSING
70 g Seidentofu
1 EL Tamari-Sojasauce
2 EL Mirin
2 TL Ingwerwurzel, geschält und fein gerieben
1 TL feiner Zucker
Salz und Pfeffer aus der Mühle

1 Die Nudeln in kochendem Salzwasser entsprechend der Packungsanleitung garen, dann abgießen.
2 Inzwischen die Sesamsamen in einer Bratpfanne ohne Öl bei mittlerer Hitze in 3–5 Minuten hell goldbraun rösten, dabei gelegentlich rühren. Vom Herd nehmen und beiseite stellen. Karotten, Lauch, Zuckererbsen und Spargel in 3 Minuten weich dämpfen.
3 Für das Dressing Tofu mit Tamari, Mirin, Ingwer und Zucker verrühren, 1 EL geröstete Sesamsamen zugeben und mit Salz und Pfeffer würzen.
4 Die Nudeln in der Hälfte des Dressings wenden und auf 4 Teller verteilen. Mit dem Gemüse belegen und das übrige Dressing darauf verteilen. Mit dem übrigen Sesam und Schnittlauch bestreuen, nach Belieben mit Togarashi würzen und den Nudelsalat warm oder bei Zimmertemperatur servieren.

GEBRATENE TOFU-TASCHEN

Aburaage sind Teigtaschen aus gebratenem japanischem Seidentofu und in Asialäden erhältlich. Sie sind meist tiefgefroren, tauen binnen Minuten auf und können dann gefüllt werden: in diesem Rezept mit einer Gemüse-Kräuter-Mischung, begleitet von einem Hoisin-Chili-Dip.

FÜR 4 PERSONEN

- 15 g getrocknete Shiitake-Pilze
- 1 große Karotte, gerieben
- 4 Frühlingszwiebeln, in dünne Ringe geschnitten
- 150 g Chinakohl, fein geschnitten
- 2 Knoblauchzehen, zerdrückt
- 4 Wasserkastanien, fein gehackt
- 2 EL gehackte Korianderblätter, plus Blätter zum Anrichten
- 1 EL helle Sojasauce
- 1 EL Ingwerwurzel, geschält und fein gerieben
- 6 Tofu-Taschen (Aburaage), aufgetaut

HOISIN-CHILI-DIP

- 4 EL süße Chilisauce
- 2 EL helle Sojasauce
- 2 EL Hoisin-Sauce
- 2 EL ungesalzene Erdnüsse, gehackt

1 Die Shiitake-Pilze etwa 20 Minuten in heißem Wasser quellen lassen, bis sie weich sind. Abgießen, überschüssige Flüssigkeit ausdrücken und fein hacken.

2 Während die Pilze quellen, für den Dip alle Zutaten in einer kleinen Schüssel mit 1 EL Wasser verrühren.

3 In einer weiteren Schüssel die Pilze mit Karotten, Frühlingszwiebeln, Chinakohl, Knoblauch, Wasserkastanien, Koriander sowie Sojasauce und Ingwer verrühren.

4 Die Tofu-Taschen in Hälften schneiden und jede Hälfte oben zu einer Tasche öffnen. Mit der Gemüsemischung füllen und einen Dämpfeinsatz mit Backpapier auslegen. Die aufrecht stehenden Teigtaschen darin 6–8 Minuten dämpfen, bis das Gemüse weich ist. (Am besten eignet sich ein zweistufiger Dämpfeinsatz, alternativ in zwei Durchgängen dämpfen und die fertigen Teigtaschen inzwischen warm halten.)

5 Die fertigen Teigtaschen mit dem übrigen Koriandergrün bestreuen und pro Person 3 Taschen zusammen mit dem Chili-Dip servieren.

WAN TANS MIT ERBSENMUS UND INGWER

Leuchtende Farben und exotische Aromen: Diese Teigtaschen ergeben eine herrlich leichte Mahlzeit oder eine raffinierte Vorspeise. Wählen Sie spezielle Wan-Tan-Fladen zum Dämpfen und idealerweise einen Bambusdämpfer. Ein gewöhnlicher Dämpfeinsatz ist ebenso geeignet.

ERGIBT 32 STÜCK (FÜR 4–6 PERSONEN)

- 250 g Tiefkühl-Erbsen
- 3 Frühlingszwiebeln, fein gehackt
- 4 cm Stück Ingwerwurzel, geschält und fein gehackt
- 1 TL Sojasauce, plus Sauce zum Anrichten
- 32 Wan-Tan-Blätter, aufgetaut
- 1 kleine rote Chilischote, entkernt und in feine Ringe geschnitten (optional)
- einige Schnittlauchhalme, fein geschnitten, zum Anrichten
- schwarzer Pfeffer aus der Mühle

1 Die Erbsen in etwa 3 Minuten weich dämpfen, falls nötig abgießen und in einer Rührschüssel mit dem Kartoffelstampfer oder einer Gabel zu einem stückigen Püree zerdrücken. Frühlingszwiebeln, Ingwer und Sojasauce unterrühren und mit Pfeffer abschmecken.

2 Je 1 Wan-Tan-Blatt auf einen Teller legen, die übrigen Blätter inzwischen mit einem sauberen feuchten Küchentuch bedecken. 1 gehäuften TL der Erbsenmischung in der Mitte aufbringen. Die Teigränder mit Wasser bestreichen, die Ränder zu einem Bündel zusammenfassen und an der Spitze fest zusammendrücken. Die Teigtasche sollte die Form eines Säckchens haben. Mit den übrigen Teigblättern ebenso verfahren.

3 Einen großen Bambusdämpfer mit Backpapier auslegen und je 8 Teigtaschen hineinlegen. Über einem Wok mit köchelndem Wasser etwa 8 Minuten dämpfen, bis die Wan Tans gar und leicht durchscheinend sind. Die fertigen Teigtaschen auf einen Teller legen und zugedeckt warm halten, die übrigen Wan Tans ebenso dämpfen. Bei Bedarf den Wok gelegentlich mit Wasser auffüllen, damit das Wasser nicht vollständig verdampft.

4 Zum Anrichten pro Person je ein kleines Schüsselchen mit etwas Sojasauce füllen, nach Belieben Chili darauf verteilen. Die Teigtaschen mit Schnittlauch bestreuen und zusammen mit dem Dip warm servieren.

SUSHI-REISSCHÜSSEL MIT CASHEWS IM WASABIMANTEL

FÜR 4 PERSONEN
300 g Sushi-Reis
2 EL Ume-Würze oder Reisweinessig
4 EL frisch gepresster Orangensaft
1 EL Sesamöl, plus Öl für das Gemüse
2 EL helle Sojasauce, plus Sauce für das Gemüse
100 g grüne Bohnen, geputzt und schräg in mundgerechte Stücke geschnitten
100 g Edamame (grüne Sojabohnen), ausgelöst
1 große Karotte, in feine Streifen geschnitten
4 TL Sesamsamen, geröstet
1 Viertel Nori-Blatt, in feine Streifen geschnitten
20 g eingelegter Ingwer zum Anrichten

JAPANISCHES OMELETT
2 Eier (Größe L), plus 1 Eigelb
1 TL helle Sojasauce
1 TL feiner Zucker
Sonnenblumenöl zum Braten

WASABI-CASHEWS
80 g Cashewkerne
1 EL feiner Zucker
1 gehäufter EL Wasabi-Paste
1 große Prise Salz

1 Backofen auf 110 °C vorheizen. Für die Wasabi-Cashews die Kerne in der Pfanne ohne Öl in etwa 5 Minuten hell goldbraun rösten, dabei gelegentlich rühren. Zucker und 1 EL Wasser in einer kleinen Kasserolle zum Kochen bringen, die Hitze reduzieren und rühren, bis sich der Zucker auflöst. Vom Herd nehmen, Wasabi und Salz einrühren, dann die Cashews zugeben und gut in der Wasabimischung wenden. Ein Backblech mit Backpapier auslegen, die Cashews darauf verteilen und in etwa 35–40 Minuten im Ofen knusprig rösten. Sie können leicht klebrig sein, trocknen aber beim Abkühlen aus.

2 Reis mehrmals mit Wasser abspülen und abgießen, dann in einer Kasserolle mit festem Boden etwa 1 cm hoch mit Wasser bedecken und zum Kochen bringen. Auf geringe Hitze reduzieren, umrühren und mit einem passenden Deckel zugedeckt 10–12 Minuten garen, bis das Wasser aufgesogen ist. Vom Herd nehmen und 10 Minuten ziehen lassen. Inzwischen die Ume-Würze mit Orangensaft, Sesamöl und Sojasauce zu einem Dressing verrühren.

3 Den heißen Reis in eine Schüssel füllen und nach und nach das Dressing unterheben. Nicht umrühren. Mit einem Teller zugedeckt beiseite stellen.

4 Für das Omelett die Eier mit dem zusätzlichen Eigelb, Sojasauce, Zucker und 2 EL Wasser in einer Schüssel verquirlen. Eine große beschichtete Bratpfanne bei mittlerer Hitze erwärmen, etwas Sonnenblumenöl zugeben und überschüssiges Öl mit Küchenpapier auswischen. Die Eiermischung durch Schwenken in der Pfanne verteilen und 3–5 Minuten braten, bis sie teilweise fest ist. In der Mitte falten und die Enden zu einem Päckchen einschlagen. Das Omelett wenden und kurz weitergaren, dann aus der Pfanne nehmen und in dünne Streifen schneiden.

5 Inzwischen die grünen Bohnen 2 Minuten dämpfen, Edamame und Karotten zugeben und weitere 2–3 Minuten dämpfen. In einer Schüssel mit etwas Sesamöl und Sojasauce abschmecken, verrühren. Mit Sesam bestreuen.

6 Ein Viertel vom Reis in eine kleine Schüssel füllen und fest glattdrücken, dann auf einen Teller stürzen. Mit dem restlichen Reis wiederholen. Die Reisportionen mit Nori-Streifen, Ei und Wasabi-Cashews belegen, mit Gemüse und eingelegtem Ingwer anrichten und servieren. Alternativ Reis mit allen Beilagen vermischen und als bunte Platte servieren.

THAI-TOFU MIT GEMÜSE IM BANANENBLATT

Bananenblätter lassen sich gut zu Päckchen wickeln. Sie sind meist in Asialäden erhältlich, können aber auch durch Backpapier ersetzt werden. Zu diesen Tofu-Taschen passt am besten Thai-Jasminreis.

FÜR 4 PERSONEN

4 kleine Bananenblätter
2 Stück fester Tofu à 250 g
5 cm Stück Ingwerwurzel, geschält und gerieben
2 kleine rote Chilischoten, entkernt und fein gehackt
2 Zweige Zitronengras, die äußeren Blätter entfernt, fein gehackt
2 EL vegetarische Fischsauce
2 EL helle Sojasauce
Saft von 1 Limette
1 TL Farinzucker (brauner Zucker)
2 EL Sesamsamen, geröstet
175 g Zuckererbsen
1 rote Paprikaschote, entkernt und in dünne Streifen geschnitten
1 Karotte, in dünne Streifen geschnitten
8 Kaffir-Limettenblätter
4 Frühlingszwiebeln, in Ringe geschnitten
4 EL gehackte Korianderblätter, plus Blätter zum Anrichten

1 Die Bananenblätter einige Minuten in warmes Wasser legen, bis sie biegsam sind. Beide Tofu-Stücke in je 4 Scheiben schneiden.

2 In einer Schüssel Ingwer, Chili, Zitronengras, Fischsauce, Sojasauce, Limettensaft, Zucker und Sesamsamen miteinander verrühren.

3 Die Bananenblätter auf der Arbeitsfläche ausbreiten und in der Mitte mit Zuckererbsen, Paprika und Karotten belegen. Jeweils 2 Scheiben Tofu darauflegen, mit der Ingwermischung bestreichen und mit je 2 Limettenblättern belegen. Frühlingszwiebeln und Koriander darüberstreuen.

4 Die Bananenbätter seitlich einschlagen und zu einem Päckchen rollen. Jeweils mit Küchengarn zusammenbinden und in einem zweistufigen Bambusdämpfer (oder bei Bedarf in zwei Durchgängen) etwa 8 Minuten dämpfen.

5 Jedes Päckchen auf einem Teller anrichten, vorsichtig öffnen und mit dem übrigen Koriander bestreut servieren.

CREMIGE LAUCH-KÄSE-ROULADEN

Sie ähneln der traditionellen englischen »Suet Pastry«, einem klassischen Pudding: Diese Rouladen mit Lauch-Käse-Füllung sind eine köstliche Alternative zum Sonntagsbraten.

FÜR 4 PERSONEN

300 g Mehl (Type 550), plus Mehl für die Arbeitsfläche
4 TL Backpulver
1 TL Gemüsebrühe-Pulver
1 TL englisches Senfpulver
1 große Prise Salz, plus Salz zum Abschmecken
80 g Butter
2 EL gehackter Schnittlauch
1 Ei (Größe L), leicht geschlagen
85–100 ml Milch
schwarzer Pfeffer aus der Mühle
Brunnenkresse-Sauce (siehe Seite 67)

FÜLLUNG

1 EL Olivenöl
1 Zwiebel, fein gehackt
2 Lauchstangen, fein gehackt
1 EL frischer Thymian
2 EL Crème fraîche
2 TL Dijon-Senf
70 g reifer Cheddar, gerieben

1 Mehl, Backpulver, Gemüsebrühe-Pulver, Senfpulver und Salz in eine Rührschüssel sieben. Mehlmischung und Butter mit den Fingern zu einem krümeligen Teig verreiben, dann Schnittlauch, Ei und 85 ml Milch unterrühren. Die Masse auf einer leicht bemehlten Arbeitsfläche mit den Händen rasch zu einem weichen Teig verkneten und zu einer Kugel formen. Bei Bedarf mehr Milch zugeben. In Frischhaltefolie gewickelt beiseite stellen.

2 Für die Füllung Olivenöl in einer Pfanne bei mittlerer Hitze erwärmen. Zwiebel und Lauch zugeben und zugedeckt in 5 Minuten glasig anschwitzen, dabei gelegentlich umrühren. Vom Herd nehmen, Thymian, Crème fraîche, Senfsamen und Käse unterrühren und mit Salz und Pfeffer abschmecken.

3 Den Teig in 4 gleich große Portionen teilen. Auf einer leicht bemehlten Unterlage jede Portion zu einem Rechteck (etwa 14 x 13 cm) ausrollen. Mit einem Löffel je ein Viertel der Lauchmischung in die Mitte der Teigfladen setzen und diese zu einer Rolle formen. Den äußeren Saum und die Ränder befeuchten und zum Verschließen gut zudrücken. Mit einer Gabel dreimal einstechen und jede Rolle in Pergamentpapier einwickeln, dabei die Enden eindrehen.

4 Die Päckchen in einem großen Dämpfeinsatz etwa 18–20 Minuten dämpfen, bis sie aufgehen. Aus dem Papier nehmen und jede Roulade schräg halbieren. Die Rouladen zusammen mit der Brunnenkresse-Sauce servieren.

ORANGEN-KÜRBIS-TABOULEH MIT KRÄUTER-FETA

FÜR 4 PERSONEN

70 g Rosinen
125 ml Orangensaft
225 g Bulgur
1 TL Gemüsebrühe-Pulver
2 EL Olivenöl
750 g Butternuss-Kürbis, geschält und entkernt, in mundgerechte Stücke geschnitten
1 große Zwiebel, gehackt
2 große Knoblauchzehen, gehackt
abgeriebene Schale von 1 unbehandelten Orange
1 EL Gewürzsumach
1 große Handvoll gehackte Korianderblätter, plus Blätter zum Anrichten
Salz und Pfeffer aus der Mühle

GEBACKENER FETA

2 Stück weicher Feta à 200 g, abgetropft
2 EL Olivenöl
2 EL Zitronenthymian-Blätter

1 Die Rosinen im Orangensaft etwa 30 Minuten quellen lassen. Inzwischen für den gebackenen Feta den Backofen auf 180 °C vorheizen, die Fetastücke auf je ein Stück Alufolie legen und mit je der Hälfte des Olivenöls beträufeln und mit Thymian bestreuen. Mit Pfeffer würzen, dann die Folie über dem Käse einschlagen und verschließen. Auf einem Backblech im Ofen 15 Minuten garen.

2 Inzwischen den Bulgur in einer hitzebeständigen Schüssel mit kochendem Wasser übergießen, Gemüsebrühe unterrühren und 5 Minuten ziehen lassen, dann abgießen. Einen Dämpfeinsatz mit Käsetuch (Musselin) auslegen und den Bulgur darin in 10 Minuten weich dämpfen.

3 In einer großen Pfanne bei mittlerer Hitze das Olivenöl erwärmen und den Kürbis in 10–15 Minuten weich und goldgelb garen, dabei gelegentlich rühren. Die Stücke mit einem Schaumlöffel herausnehmen. Zwiebel zugeben, etwa 5 Minuten anbraten, dann Knoblauch, Orangenschale und Sumach zugeben. Bulgur, Kürbis, Orangensaft und Rosinen unterheben, bis alles gleichmäßig warm ist. Mit Salz und Pfeffer abschmecken und Koriander unterrühren.

4 Tabouleh auf 4 Teller verteilen. Feta aus der Folie nehmen und jeweils halbieren. Jede Portion Tabouleh mit einem Stück Feta belegen und mit Koriander bestreut servieren.

TOFU IN SOJA-MARINADE MIT THAI-BASILIKUM

FÜR 4 PERSONEN

2 EL Tamari-Sojasauce
6 EL Ketjap Manis
2 EL Sesamöl
500 g fester Tofu, abgetropft und in Stücke geschnitten
4 EL Olivenöl
1 lange rote Chilischote, entkernt und längs in Streifen geschnitten
4 cm Ingwerwurzel, geschält und in dünne Scheiben geschnitten
3 Frühlingszwiebeln, fein geschnitten
einige Blätter Thai-Basilikum

1 In einer flachen Schüssel Tamari, Ketjap Manis und Sesamöl verrühren. Tofu darin einlegen und gleichmäßig mit Marinade bedecken. Mindestens 30 Minuten marinieren lassen.

2 Inzwischen Olivenöl in einer kleinen Pfanne bei mittlerer Hitze erwärmen und Chili und Ingwer unter gelegentlichem Rühren knusprig anbraten. Auf Küchenpapier abtropfen lassen.

3 Mit einem Pfannenwender den Tofu aus der Marinade nehmen und diese beiseite stellen. Einen großen Dampfgarer mit Backpapier auslegen, den Tofu darin 5 Minuten dämpfen.

4 Die Marinade in einer kleinen Kasserolle aufwärmen. Tofu vorsichtig aus dem Dämpfer auf 4 Teller verteilen, Marinade darüberträufeln und mit Frühlingszwiebeln, Basilikum und gebratenem Ingwer und Chili anrichten. Sofort servieren.

CHAMPIGNON-KASTANIEN-PASTETE MIT DÖRRPFLAUMEN

Die traditionelle britische Pastete mit Rindertalg, hier in vegetarischer Version. Die Pastete schmeckt am besten frisch gekocht oder gedämpft. Mit Backpapier und Alufolie bedeckt, bleibt ihr während des Dämpfens genug Raum zum Aufgehen.

FÜR 4 PERSONEN

2 EL Olivenöl, plus Öl für die Förmchen
1 große Zwiebel, gehackt
1 große Knoblauchzehe, zerdrückt
250 g Champignons, grob gehackt
100 g gekochte Kastanien, gehackt
1 TL getrockneter Thymian
60 g essfertige Dörrpflaumen, gehackt
300 ml trockener Rotwein
1 EL Sojasauce
einige Tropfen scharfe Chilisauce
Salz und Pfeffer aus der Mühle

VEGETARISCHER SCHMALZTEIG

200 g Mehl mit 8 g Backpulver vermischt, plus Mehl für die Arbeitsfläche
1 Prise Salz
100 g vegetarisches Schmalz in Flocken

ROTWEINJUS

200 ml trockener Rotwein
200 ml Gemüsebrühe
1 EL Balsamicoessig
1 TL feiner Zucker
25 g Butter

1 4 Puddingförmchen (250 ml) mit etwas Olivenöl einfetten. 2 EL Öl in einer großen Pfanne bei mittlerer Hitze erwärmen und die Zwiebel darin 8 Minuten glasig anschwitzen. Knoblauch und Champignons zugeben und 4 Minuten unter Rühren garen, dann Kastanien, Thymian, Dörrpflaumen und Wein unterrühren, auf geringe Hitze reduzieren und 5–8 Minuten köcheln lassen, bis die Flüssigkeit teilweise aufgesogen und kein Weingeruch spürbar ist. Soja- und Chilisauce einrühren, mit erwärmen und mit Salz und Pfeffer abschmecken. Abkühlen lassen.

2 Für den Teig Mehl und Salz in eine Schüssel sieben. Schmalz unterheben, 125 ml Wasser zugeben und alles zu einem glatten weichen Teig verrühren. Ein Viertel der Teigmenge beiseite stellen und den Rest auf einer leicht bemehlten Unterlage etwa 3 mm dick ausrollen. 4 Teigkreise von etwas mehr als der Größe der Puddingform ausschneiden und die Förmchen so auslegen, dass ein leichter Überhang bleibt. Die abgekühlte Pilzmischung darauf verteilen.

3 Übrigen Teig ausrollen und 4 Kreise mit dem Durchmesser der Puddingform ausschneiden. Die Ränder der Böden mit Wasser befeuchten und mit den Teigkreisen bedecken. Durch Drücken fest verschließen und Teigüberhänge abschneiden.

4 Jede Pastete mit einem Stück Backpapier und einem runden Stück Alufolie (beide in der Mitte geknickt) bedecken und mit Küchengarn fixieren. Die Förmchen in einem großen abgestuften Dämpfeinsatz etwa 45 Minuten dämpfen, dann vorsichtig herausnehmen. (Falls nötig zwischendurch Wasser nachgießen.) Mit einem Messer die Pasteten vom Formrand lösen, dann stürzen.

5 Während die Pasteten garen, den Jus vorbereiten. Rotwein in einer Bratpfanne zum Kochen bringen, auf mittlere Hitze reduzieren und etwa 10 Minuten köcheln, bis die Flüssigkeit auf die Hälfte reduziert ist. Brühe, Essig und Zucker zugeben und weitere 5 Minuten leicht eindicken lassen. Vom Herd nehmen, mit Butter zu einer glatten Sauce verrühren und mit Salz und Pfeffer abschmecken. Die Pasteten mit dem Rotweinjus anrichten und servieren.

GEFÜLLTE WIRSINGBLÄTTER MIT BLUMENKOHL-CREME

Die Kohlblätter werden zunächst blanchiert und dadurch weich und biegsam. So lassen sie sich leichter mit der scharfen Kartoffel-Kichererbsen-Mischung füllen.

FÜR 4 PERSONEN

225 g Kartoffeln, geschält und je nach Größe halbiert oder geviertelt
8 große Wirsingkohlblätter
2 EL Olivenöl
1 große Zwiebel, fein gehackt
1 große Knoblauchzehe, gehackt
1 gehäufter EL geschälter und gehackter Ingwer
1 TL Bockshornklee-Samen
2 TL gemahlener Kreuzkümmel
1 TL gemahlener Koriander
½ TL scharfes Chilipulver
1 EL Tamarindenpaste
140 g gekochte Kichererbsen, grob zerdrückt
1 Karotte, geraspelt
Salz und Pfeffer aus der Mühle

BLUMENKOHL-CREME

350 g Blumenkohl-Röschen
2 EL Olivenöl
2 Schalotten, fein gehackt
2 Knoblauchzehen, gehackt
250 ml Gemüsebrühe
3 EL Crème fraîche

1 Die Kartoffeln in kochendem Salzwasser in 10–12 Minuten weich kochen. Abgießen, in kleine Würfel schneiden und in eine große Schüssel füllen.

2 Inzwischen den Blumenkohl in etwa 4 Minuten weich dämpfen. Eine große Kasserolle mit Wasser zum Kochen bringen. Aus jedem Kohlblatt das untere Stängelende V-förmig ausschneiden, damit sie sich falten lassen, und die Blätter etwa 1 Minute blanchieren, sodass sie biegsam sind und nicht brechen. Abgießen und mit kaltem Wasser abschrecken.

3 Olivenöl in einer Pfanne bei mittlerer Hitze erwärmen und die Zwiebel darin in 8 Minuten glasig anschwitzen. Knoblauch, Ingwer, Bockshornklee, Kreuzkümmel, Koriander und Chilipulver zugeben und 1 Minute garen. Tamarindenpaste sowie 2 EL Wasser einrühren und mit erwärmen, dann alles unter die Kartoffelmasse rühren. Kichererbsen und Karottenraspel zugeben, alles gut verrühren und mit reichlich Salz und Pfeffer abschmecken.

4 2 EL der Kartoffelmischung in die Mitte jedes Kohlblattes setzen, die Seiten über der Füllung einschlagen und die Blätter von unten nach oben zu 8 Päckchen einrollen.

5 Die Bündel mit dem Rand nach unten in einen zweistufigen Dämpfeinsatz legen und zugedeckt etwa 6 Minuten dämpfen, sodass sie gleichmäßig warm sind. Alternativ einen großen Dämpfeinsatz mit Backpapier auslegen und in zwei Durchgängen zugedeckt dämpfen, die fertigen Päckchen warm halten und mit den übrigen ebenso verfahren.

6 Für die Blumenkohl-Creme Olivenöl in einer großen Sautierpfanne erwärmen und die Schalotten in 5 Minuten glasig anschwitzen. Knoblauch zugeben und 1 weitere Minute garen, dann zusammen mit Blumenkohl, Gemüsebrühe und Crème fraîche in einen Mixer füllen und zu einer geschmeidigen Creme mixen. In der Pfanne erneut leicht erwärmen und mit Salz und Pfeffer abschmecken.

7 Zum Anrichten die Blumenkohl-Creme auf 4 Teller verteilen. Mit je 2 gefüllten Wirsingblättern belegen, schwarzen Pfeffer darübermahlen und das Ganze sofort servieren.

CREMIGES ERBSENPÜREE

FÜR 4 PERSONEN
250 g feine Erbsen (frisch oder tiefgefroren)
2 EL Crème fraîche
1 EL Olivenöl
2 EL gehackte Minzeblätter, plus Blätter zum Anrichten
1 EL Zitronensaft
Salz und Pfeffer aus der Mühle

1 Die Erbsen in etwa 3 Minuten weich dämpfen und in einen Mixerbehälter füllen.

2 Crème fraîche, Olivenöl, Minze, Zitronensaft und 2 EL heißes Wasser zugeben und alles zu Püree mixen. Mit Salz und Pfeffer abschmecken, mit Minzeblättern bestreuen und das Püree warm servieren.

ARTISCHOCKEN MIT ZITRONEN-KNOBLAUCH-MAYO

Frische Artischocken schmecken am besten gedämpft mit Butter oder Mayonnaise. Bei der Zubereitung immer Nirosta-Besteck und -Töpfe verwenden, weil Artischocken Eisen oder Aluminium (auch Alufolie) verfärben kann. Die Mayonnaise im Rezept ist handgerührt, kann aber auch in der Küchenmaschine gemacht werden. Sie ist bis zu 5 Tage gekühlt haltbar.

FÜR 4 PERSONEN
Saft von ½ Zitrone
4 Distelartischocken, abgespült

ZITRONEN-KNOBLAUCH-MAYO
1 Eigelb, zimmerwarm
½ TL englisches Senfpulver
100 ml Sonnenblumenöl
1 TL Weißweinessig
1 Knoblauchzehe, zerdrückt
fein abgeriebene Schalte von ½ unbehandelten Zitrone
Salz und Pfeffer aus der Mühle

1 Zunächst für die Mayonnaise in einer Rührschüssel Eigelb und Senfpulver verquirlen. Mit Salz und Pfeffer würzen, zunächst tröpfchenweise Sonnenblumenöl einrühren und gut verquirlen, dann erst mehr zugießen. Ist das gesamte Öl eingerührt und die Mischung gebunden und eingedickt, Essig, Knoblauch und Zitronenschale zufügen. Zugedeckt bis zur Verwendung kühl stellen.

2 Eine Schüssel mit Wasser füllen und Zitronensaft zugeben. Von den Artischocken die harten äußeren Blätter entfernen und den Stängel knapp unter dem Ansatz abschneiden. Von der Spitze etwa 1 cm kappen und mit der Schere von den äußeren Blättern die Spitzen abschneiden. Dann in das Zitronenwasser tauchen, damit ihre Farbe erhalten bleibt.

3 Einen Dämpfkochtopf etwa 5 cm hoch mit Wasser füllen und zum Kochen bringen. Die Artischocken in einer Schicht mit dem Stängel nach unten in den Dämpfeinsatz legen und zugedeckt je nach Größe etwa 20–35 Minuten dämpfen. Wenn sich die Blätter leicht lösen lassen, sind sie gar. Mit der Küchenzange herausnehmen und in einem Sieb mit der Spitze nach unten abtropfen lassen. Die Artischocken heiß oder zimmerwarm zusammen mit der Mayonnaise servieren.

SÜSSES MANGO-SUSHI

Frische Mango, in Ingwer-Zuckersirup eingelegt, sorgt für fruchtigen Kontrast zum klebrigen Kokosreis. Mit einem feuchten Messer lässt sich der Reis besser schneiden und die Stücke werden exakter.

ERGIBT 16 STÜCK

100 g Sushi-Reis, abgespült
150 ml Kokosmilch
½ TL frisch geriebener Muskat
6 EL feiner Zucker
1 Mango
4 cm Stück Ingwerwurzel, geschält und in dünne Scheiben geschnitten

1 Reis in einer Kasserolle knapp mit Wasser bedecken, zum Kochen bringen und 3 Minuten bissfest garen. Abgießen und gut abtropfen lassen. Einen Dämpfeinsatz mit Käsetuch (Musselin) auslegen, den Reis hineinfüllen und zugedeckt in 12–15 Minuten weich dämpfen.

2 Das Käsetuch vorsichtig aus dem Dämpfer heben und den Reis in eine stabile Kasserolle füllen. Kokosmilch, Muskat und 2 EL Zucker gut unterrühren. Alles zum Kochen bringen, dann auf geringe Hitze reduzieren und 6 Minuten köcheln lassen, bis die Masse dick und cremig ist. Dabei regelmäßig rühren, damit der Reis nicht anbrennt.

3 Eine kleine Backform (etwa 18 x 25 cm) mit Frischhaltefolie auslegen und einen breiten Rand zum Einschlagen einberechnen. Den Reis etwa 2 cm dick auf dem Formboden verteilen und mit einem feuchten Spatelmesser glattstreichen. Die Folie über dem Reis einschlagen und auskühlen lassen.

4 Mango schälen, Kern entfernen und das Fruchtfleisch in dünne Streifen schneiden. Die Streifen in insgesamt 16 Stücke zu etwa 4 x 2 cm schneiden. Den übrigen Zucker mit 125 ml Wasser in einer kleinen Kasserolle verrühren und bei geringer Hitze unter Rühren auflösen lassen. Auf mittlere Hitze erhöhen und das Zuckerwasser 2 Minuten kochen, bis es zu einem Sirup eindickt. Vom Herd nehmen, Ingwer und Mangostücke hineingeben und abkühlen lassen.

5 Reis aus der Backform nehmen und die Frischhaltefolie entfernen. Mit einem feuchten Messer den Reiskuchen in 16 Quader von 4 x 2 cm schneiden. Jedes Reisstück mit einem Mangostreifen belegen und auf einer Servierplatte anrichten. Die Sushis mit Ingwersirup beträufelt servieren.

VANILLE-ZIMT-PUDDINGTÖPFCHEN MIT RHABARBER

FÜR 6 PERSONEN
300 g Sahne
200 ml Milch
1 Zimtstange
3 Stück Sternanis
1 TL Vanilleextrakt
3 Eier
5 EL feiner Zucker
brauner Zucker zum Bestreuen

RHABARBER-INGWER-MISCHUNG
400 g Rhabarber, in mundgerechte Stücke geschnitten
6 EL feiner Zucker oder nach Geschmack
1–2 TL gemahlener Ingwer (nach Geschmack)

1 Sahne mit Milch, Zimt und Sternanis in einer Kasserolle fast zum Kochen bringen. Auf geringe Hitze reduzieren und 3 Minuten köcheln lassen, dann vom Herd nehmen, Vanilleextrakt unterrühren und mindestens 30 Minuten ziehen lassen. Inzwischen Rhabarber mit Zucker, Ingwer und 3 EL Wasser in einer beschichteten Kasserolle zum Kochen bringen. Auf geringe Hitze reduzieren und weitere 7 Minuten köcheln lassen.

2 Mit einem Handrührgerät Eier und Zucker verquirlen und unter die Sahnemischung heben. Gut verquirlen und auf 6 Pudding- oder Souffléförmchen (etwa 180 ml) verteilen.

3 Die Puddinge in einem großen Dämpfeinsatz zugedeckt 6–8 Minuten dämpfen, bis sie beginnen fest zu werden. Vorsichtig aus dem Dampfgarer nehmen.

4 Die Puddinge mit braunem Zucker bestreuen und mit der Rhabarbermischung warm servieren. Alternativ abkühlen lassen, 2 Stunden kühl stellen und erst direkt vor dem Servieren mit Zucker bestreuen.

SCHOKOLADEPUDDING MIT MOKKACREME

FÜR 4 PERSONEN
85 g Schokolade (etwa 70 % Kakaoanteil), gerieben, plus Schokolade zum Garnieren
170 ml Milch
55 g Butter, plus Butter für die Förmchen
55 g feiner Zucker
3 Eier, Eigelb und Eiweiß getrennt
150 g Semmelbrösel, am besten frisch gerieben
1 TL Backpulver

MOKKACREME
2 EL Milch
1 EL feiner Zucker
1 EL Instant-Kaffeepulver
150 g Sahne

1 4 Puddingförmchen (250 ml) leicht ausbuttern. Schokolade und Milch in einer Kasserolle bei geringer Hitze unter Rühren erwärmen, bis die Schokolade schmilzt.

2 Butter und Zucker im Mixer in 5 Minuten locker schaumig rühren. Erst Eigelbe, dann Schokoladenmischung, Semmelbrösel und Backpulver unterheben. In einer weiteren Schüssel Eiweiß steif schlagen und unter die Schokoladenmischung heben. Die Masse auf die Puddingförmchen verteilen, jedes Förmchen mit je einem Stück Backpapier und Alufolie (in der Mitte geknickt) bedecken und mit Küchengarn fixieren.

3 Förmchen in einen mehrstufigen Dampfeinsatz oder auf einem umgedrehten Teller in eine Kasserolle stellen und diese halbhoch mit Wasser füllen. 30 Minuten zugedeckt dämpfen, 5 Minuten zum Festwerden beiseite stellen, dann stürzen.

4 Inzwischen für die Mokkacreme Milch und Zucker in einer kleinen Kasserolle bei geringer Hitze unter Rühren erwärmen, bis sich der Zucker auflöst. Kaffee in 1 EL kochendem Wasser auflösen und zugeben. Alles in eine Rührschüssel füllen und abkühlen lassen. In einer weiteren Schüssel die Sahne steif schlagen und unter die Kaffeemasse heben. Die Puddinge mit Schokolade bestreuen und zusammen mit der Mokka-Sahne servieren.

SÜSSE TEIGTASCHEN MIT SCHOKO-NUSS-FÜLLUNG

Diese locker-luftigen chinesischen Teigtaschen lassen sich gut am Vortag vorbereiten und vor dem Servieren im Dampfgarer aufwärmen. Sie können auch tiefgefroren und erst nach dem Auftauen gedämpft werden.

ERGIBT 16 STÜCK
1½ TL Trockenhefe
2 EL feiner Zucker
375 g Mehl (Type 550), plus Mehl für die Arbeitsfläche
1 TL Salz
1 EL Sonnenblumenöl, plus Öl für die Schüssel
1½ TL Backpulver

SCHOKO-NUSS-FÜLLUNG
200 g Haselnusscreme
3 EL Milch
4 EL Mandelsplitter, geröstet

1 Für den Teig Trockenhefe, Zucker und 250 ml warmes Wasser in einer kleinen Schüssel verrühren, bis sich der Zucker auflöst. Zugedeckt 10 Minuten quellen lassen.

2 Mehl und Salz in eine Rührschüssel sieben und in der Mitte eine Vertiefung machen. Hefemischung und Sonnenblumenöl hineingießen und nach und nach untermischen, bis ein weicher, eher klebriger Teig entsteht. Auf einer leicht bemehlten Unterlage etwa 10 Minuten zu einem geschmeidigen Teig verkneten und zu einer Kugel formen, bei Bedarf etwas mehr Mehl zugeben.

3 Eine weitere Rührschüssel mit etwas Öl ausstreichen und den Teig darin wenden. Mit einem feuchten Küchentuch zudecken und an einem warmen Ort 2½ Stunden auf die doppelte Größe aufgehen lassen.

4 Den Teig auf einer leicht bemehlten Arbeitsfläche zu einer Scheibe formen und mit Backpulver bestreuen. 5 Minuten kneten, dann in 16 Kugeln teilen und diese wieder mit dem feuchten Küchentuch zudecken.

5 Für die Füllung Haselnusscreme mit Milch und Mandelsplittern verrühren. Je eine Teigkugel zu einer etwa 5 mm dicken Scheibe ausrollen und in die Mitte 1 gehäuften EL Schokoladenfüllung setzen. Die Teigränder über der Füllung zu einer Tasche formen und durch Drücken fest verschließen. Auf eine leicht bemehlten Unterlage legen und aus den übrigen 15 Kugeln weitere Teigtaschen bereiten.

6 Einen großen Bambusdämpfer mit Backpapier auslegen und je 4–5 Teigtaschen darin locker anordnen. (Wenn vorhanden, einen zweistufigen Dämpfeinsatz benutzen.) Zugedeckt über einer Wokpfanne mit köchelndem Wasser etwa 15 Minuten dämpfen, bis sie locker aufgehen. Fertige Teigtaschen zugedeckt warm halten und Wasser nachgießen, falls es verkocht. Warm servieren.

ORANGEN-DATTEL-PUDDING MIT MARMELADEGLASUR

Pudding nach englischer Art mit getrockneten Früchten ist ein Klassiker und ein köstliches Winterdessert. Während der gesamten Garzeit sollte ausreichend Wasser im Kochtopf sein, damit der Pudding nicht austrocknet.

FÜR 4 PERSONEN

85 g Butter, plus Butter für die Form
3 EL Golden Syrup
2 EL Orangenmarmelade
Saft von 2 Orangen sowie abgeriebene Schale von 1 unbehandelten Orange
115 g getrocknete Datteln, grob gehackt
85 g Mehl (Type 405) mit 4 g Backpulver vermischt
1 TL Backsoda
1 Prise Salz
90 g Farinzucker (brauner Zucker)
3 Eier

1 Eine Puddingform (900 ml) leicht mit Butter ausstreichen. In einer kleinen Schüssel Golden Syrup mit Marmelade verrühren und den Boden der Puddingform damit bestreichen.

2 Orangensaft, -schale und Dattelstücke in einer Kasserolle zum Kochen bringen, dann auf geringe Hitze reduzieren und 10 Minuten köcheln lassen, bis die Datteln sehr weich sind. Mit einer Gabel zerdrücken, dann zum Abkühlen beiseite stellen.

3 Mehl, Backsoda und Salz in eine Schüssel sieben. In einer weiteren Schüssel Butter und Zucker mit einem Handrührgerät 2 Minuten locker schaumig schlagen. Die Eier einzeln hineinschlagen und jeweils gut verquirlen. Dann abwechselnd Mehlmischung und Dattelmasse einrühren und alles zu einer glatten Masse verrühren.

4 Die Mischung in die Puddingform füllen und glattstreichen. Mit einem Backpapierkreis und einem runden Stück Alufolie (in der Mitte geknickt) bedecken und mit Küchengarn fixieren. Die Puddingform auf einem Topfuntersatz oder einem umgedrehten Teller in eine große Kasserolle stellen, halbhoch mit Wasser auffüllen und mit einem passenden Deckel zudecken. Zum Kochen bringen, dann auf geringe Hitze reduzieren und 1¼ Stunden dämpfen, bis der Pudding aufgeht. Zur Garprobe einen Spieß hineinstecken; haftet nach dem Herausziehen keine Masse daran, ist der Pudding gar.

5 Die Puddingform vorsichtig aus dem Topf heben und einige Minuten abkühlen lassen, dann den Pudding mit einem Messer vom Formrand lösen, auf einen Teller stürzen und sofort servieren.

Langsam gegarte Suppen, Eintöpfe und Currys sind herzhaft und nähren Körper und Seele. Durch sanftes Köcheln und Dünsten können sich die Aromen einzelner Zutaten entfalten und verschmelzen, während stärkeres Kochen Kartoffeln, Nudeln und andere Teigwaren zur köstlichen Grundlage vieler Gerichte macht.

KOCHEN

Melonencurry auf Schwarzen-Linsen-Laibchen, Seite 171

LANGSAM GEGARTE ZWIEBELSUPPE MIT KÄSECIABATTA

Langsames Köcheln nimmt den Zwiebeln die Schärfe und lässt sie süß auf der Zunge zergehen.

FÜR 4 PERSONEN

4 EL Olivenöl
1 kg Zwiebeln, in feine Ringe geschnitten
Blätter von 10 Thymianzweigen, plus Blätter zum Anrichten
2 Lorbeerblätter
3 große Knoblauchzehen, gehackt
185 ml trockener Cider oder trockener Weißwein
900 ml Gemüsebrühe
1 EL helle Sojasauce
Salz und Pfeffer aus der Mühle

KÄSECIABATTA

4 dicke Scheiben Ciabatta
150 g Fontina-Käse, Rinde entfernt und in Scheiben geschnitten

1 Öl in einer großen Kasserolle bei geringer Hitze erwärmen und die Zwiebeln darin teilweise zugedeckt etwa 35 Minuten unter gelegentlichem Rühren garen. Hitze reduzieren, falls sie zu schnell bräunen. Den Deckel abnehmen, auf mittlere Hitze erhöhen und unter gelegentlichem Rühren weitere 5 Minuten braten, bis die Zwiebeln Farbe annehmen.

2 Thymian, Lorbeer, Knoblauch und Cider oder Weißwein zugeben und alles zum Kochen bringen. 5 Minuten kochen, bis die Flüssigkeit auf die Hälfte verdunstet ist, dann die Gemüsebrühe zugeben und erneut aufkochen. Umrühren, auf geringe Hitze reduzieren und teilweise zugedeckt 30 Minuten köcheln lassen.

3 Sojasauce zugeben und mit Salz und Pfeffer abschmecken. Nach Belieben die Suppe zum Teil pürieren: Dazu die Hälfte in einen Mixbehälter füllen, pürieren, zurück in die Kasserolle geben und bei Bedarf erneut erwärmen.

4 Für die Käseciabattas den Backofengrill auf mittlere Stufe erhitzen. Die Brotscheiben auf einer Seite leicht anrösten, umdrehen, mit Käse belegen und grillen, bis der Käse schmilzt und Blasen wirft.

5 Die Suppe in Schüsseln füllen, Brotscheiben darauflegen und mit etwas Thymian bestreut sofort servieren.

JAPANISCHE NUDELSUPPE MIT GEMÜSE UND NORI

FÜR 4 PERSONEN
2 Eier, zimmerwarm
175 g Ramen-Nudeln
1 EL Sonnenblumenöl
2 Lauchstangen, in dünne Ringe geschnitten
2 Zucchini, schräg in dünne Scheiben geschnitten
150 g Champignons, in Scheiben geschnitten
3 Handvoll Spinatblätter, fein geschnitten
175 g Chinakohl, fein geschnitten
1,5 l Gemüsebrühe
3 EL helle Sojasauce
2 EL Ingwerwurzel, geschält und gerieben
1 TL Sesamöl
2 Frühlingszwiebeln, fein gehackt
¼ TL getrocknete Chiliflocken
4 Streifen Nori, geröstet und zerkrümelt

1 Die Eier etwa 6 Minuten in Wasser kochen. Aus dem Topf nehmen und 1 Minute unter kaltem Wasser abschrecken. Zum Abkühlen beiseite stellen, dann schälen und längs halbieren.

2 Inzwischen in einer großen Kasserolle Wasser zum Kochen bringen, die Nudeln zugeben und zum Lockern umrühren. Bei mittlerer Hitze in 4 Minuten weich kochen, abgießen und auf 4 Schüsseln verteilen.

3 Während die Nudeln kochen, Sonnenblumenöl in einer großen Kasserolle bei mittlerer Hitze erwärmen und Lauch, Zucchini und Pilze 2 Minuten garen. Spinat und Chinakohl zugeben und 1 weitere Minute braten. Gemüsebrühe, Sojasauce und Ingwer zufügen, zum Kochen bringen, dann die Hitze reduzieren und Sesamöl unterrühren. Alles bei geringer Hitze warm halten, bis die Nudeln gar sind.

4 Gemüse mit einem Schaumlöffel herausnehmen, auf die Schüsseln verteilen und diese mit Brühe auffüllen. Mit Frühlingszwiebeln, Chiliflocken und Nori garnieren und die Nudelsuppe mit je einer Eihälfte garniert sofort servieren.

KOKOS-LINSEN-SUPPE MIT CHILI

FÜR 4 PERSONEN
2 EL Sonnenblumenöl
2 Zwiebeln, fein gehackt
2 TL Koriandersamen, zerdrückt
1 Chilischote, längs halbiert
2 Knoblauchzehen, gehackt
1 EL Ingwer, geschält und gerieben
1 Zweig Zitronengras, fein gehackt, äußere Blätter entfernt
200 g getrocknete rote Linsen, abgespült
900 ml Gemüsebrühe
1 EL Tomatenmark
400 ml Kokosmilch
Saft von 1 Limette
4 EL Korianderblätter, gehackt
2 Frühlingszwiebeln, fein gehackt
Salz und Pfeffer aus der Mühle

1 Öl in einer großen Kasserolle bei mittlerer Hitze erwärmen und die Zwiebeln darin in 8 Minuten glasig anschwitzen. Koriandersamen, Chili, Knoblauch, Ingwer und Zitronengras zugeben und 1 weitere Minute garen.

2 Die Linsen zugeben und in der Öl-Gewürz-Mischung wenden. Gemüsebrühe zugießen und alles zum Kochen bringen, dann auf geringe Hitze reduzieren und teilweise zugedeckt etwa 20 Minuten köcheln lassen. Tomatenmark und Kokosmilch unterrühren und weitere 15–20 Minuten garen, bis die Linsen weich sind und zerfallen.

3 Limettensaft und 3 EL Korianderblätter zugeben und mit Salz und Pfeffer abschmecken. Die Suppe auf 4 Schüsseln verteilen, mit dem übrigen Koriander und den Frühlingszwiebeln bestreuen und sofort servieren.

TOPINAMBUR-SUPPE

Aus der knollig geformten, mild-nussigen Topinambur-Wurzel lässt sich eine herzhafte Suppe zaubern. Wer es dekadent mag, gibt Trüffelöl dazu.

FÜR 4 PERSONEN
2 EL Olivenöl
1 große Zwiebel, gehackt
1 Selleriestange, gehackt
1 Karotte, in Scheiben geschnitten
1 große Knoblauchzehe, gehackt
700 g Topinambur, geputzt oder geschält und gehackt
1,25 l Gemüsebrühe
250 ml Milch
4 dicke Scheiben Sauerteigbrot, ohne Rinde
Trüffelöl zum Beträufeln (optional)
50 g geriebener Parmesan
Salz und Pfeffer aus der Mühle

1 Öl in einer großen Kasserolle bei mittlerer Hitze erwärmen und die Zwiebel darin in 6 Minuten glasig anschwitzen. Sellerie, Karotte, Knoblauch und Topinambur zugeben und weitere 5 Minuten sautieren, dabei gelegentlich rühren.

2 Gemüsebrühe zugeben und alles zum Kochen bringen, dann auf geringe Hitze reduzieren und unter gelegentlichem Rühren 25 Minuten köcheln lassen, bis das Gemüse weich ist. Mit einem Mixer die Suppe glatt und cremig pürieren, Milch einrühren und mit Salz und Pfeffer abschmecken. Erneut aufwärmen.

3 Inzwischen die Brotscheiben toasten und in Würfel schneiden. Die Suppe auf 4 Schüsseln verteilen, Brotwürfel daraufgeben und nach Belieben mit etwas Trüffelöl beträufeln. Die Suppe mit einem Häufchen Parmesan bestreut servieren.

SCHARFE APFEL-GEMÜSESUPPE MIT PASTINAKENCHIPS

FÜR 4 PERSONEN
500 g Pastinaken, geschält
6 EL Sonnenblumenöl
1 große Zwiebel, gehackt
1 Selleriestange, in dünne Scheiben geschnitten
1 Lorbeerblatt
1 TL gemahlener Kreuzkümmel
1 TL gemahlener Koriander
½ TL Kurkumapulver
½–1 TL getrocknete Chiliflocken
900 ml Gemüsebrühe
2 säuerliche Äpfel, geschält, entkernt und gewürfelt
2 TL Zitronensaft
Salz und Pfeffer aus der Mühle

1 4 Pastinaken in Scheiben schneiden und den Rest mit einem Gemüseschäler längs in dünne Streifen schneiden.

2 1 EL Sonnenblumenöl in einer großen Kasserolle erhitzen und die Zwiebel darin teilweise zugedeckt in 6 Minuten glasig anschwitzen, dabei gelegentlich rühren. Sellerie, Pastinakenscheiben, Lorbeer, Kreuzkümmel, Koriander sowie Kurkuma und Chiliflocken zugeben und 2 Minuten unter Rühren garen. Mit Gemüsebrühe aufgießen, alles zum Kochen bringen, dann Hitze reduzieren und teilweise zugedeckt 10 Minuten unter Rühren garen.

3 Äpfel zugeben und 6–8 Minuten garen, dann den Zitronensaft unterrühren. Mit einem Mixer alles zu einer cremigen Suppe pürieren und nach Geschmack mehr Chili zugeben. Mit Salz und Pfeffer abschmecken.

4 Übriges Öl in einer Pfanne erhitzen und die dünnen Pastinakenscheiben in 2–3 Minuten knusprig goldbraun braten. Auf Küchenpapier abtropfen lassen.

5 Die Suppe erneut aufwärmen, auf 4 Schüsseln verteilen und mit Pastinakenchips garniert servieren.

RADIESCHEN-NUDELSALAT MIT WAKAME-ALGEN

FÜR 4 PERSONEN

20 g getrocknete Wakame-Algen, in kleine Stücken oder Streifen geschnitten
2 EL Kürbiskerne, geröstet
100 g Vermicelli-Reisnudeln
200 g Radieschen, in dünne Scheiben geschnitten
1 kleine Gemüsegurke, Samen entfernt und in dünne Streifen geschnitten
80 g Daikon, geschält und in Stifte geschnitten
2 EL eingelegter rosa Ingwer
2 EL Shiso- oder Radieschensprossen

SESAM-MIRIN-DRESSING

2 EL Sonnenblumen- oder Rapsöl
1 EL Sesamöl
2 EL helle Sojasauce
3 EL Reisweinessig
2 EL Mirin
1 EL Ingwer, geschält und fein gerieben
Salz und Pfeffer aus der Mühle

1 Wakame in einer Schüssel mit warmem Wasser 10–15 Minuten einweichen. Abgießen, unter kaltem fließendem Wasser abspülen und abtropfen lassen.

2 Inzwischen Kürbiskerne in einer Pfanne ohne Öl bei mittlerer Hitze 3–4 Minuten unter gelegentlichem Rühren rösten und darauf achten, dass sie nicht verbrennen.

3 Nudeln in einer hitzebeständigen Schüssel mit kochendem Wasser übergießen, in 3–5 Minuten weich ziehen lassen. Abspülen und mit kaltem Wasser abschrecken. Die Nudeln mit Wakame, Radieschen, Gurke und Daikon in einer Schüssel verrühren.

4 Für das Dressing alle Zutaten miteinander verrühren und über dem Salat verteilen. Gut darin wenden.

5 Den Salat auf 4 Schüsseln verteilen und mit Kürbiskernen bestreuen. Mit eingelegtem Ingwer und Sprossen belegen und den Salat servieren.

TOFU IN SHAOXING MIT STERNANIS

FÜR 4 PERSONEN

1 EL Sesamöl
2,5 cm Stück Ingwerwurzel, geschält und in Stifte geschnitten
125 ml Shaoxing-Wein
2 Stück Sternanis
4 EL Hoisin-Sauce
2 EL dunkle Sojasauce
400 g Tofu, trockengetupft und in 1 cm dicke Scheiben geschnitten
2 Frühlingszwiebeln, schräg in Ringe geschnitten

1 Eine große Wokpfanne bei mittlerer Hitze erwärmen. Sesamöl und Ingwer zugeben und den Ingwer unter gelegentlichem Rühren 1 Minute braten. Shaoxing-Wein zugießen und weitere 2–3 Minuten garen, bis die Flüssigkeit auf die Hälfte eingekocht ist, dann Sternanis, Hoisin-Sauce, Sojasauce und Tofu zugeben.

2 Auf geringe Hitze reduzieren und die Mischung 5 Minuten köcheln lassen, dabei gelegentlich die Sauce über dem Tofu verteilen. Mit einem Pfannenwender den Tofu aus dem Wok nehmen und beiseite stellen. Auf mittlere Hitze erhöhen und die Sauce weitere 2–3 Minuten eindicken lassen.

3 Tofu auf 4 flache Schüsseln verteilen und mit der Sauce übergießen. Das Ganze mit Frühlingszwiebeln garniert servieren.

ZITRONEN-SENF-LINSEN MIT ZATAR-EIERN

Die Zatar-Gewürzmischung ist vor allem im Nahen Osten verbreitet. Neben Kräutern, Sesam und Salz enthält sie Sumach und wird oft mit Olivenöl als Brotaufstrich, Dip oder wie hier als Glasur verwendet.

FÜR 4 PERSONEN

250 g Puy-Linsen
2 Lorbeerblätter
4 Eier, zimmerwarm
2 EL Olivenöl
1 große Zwiebel, gehackt
1 Selleriestange, in feine Ringe geschnitten
1 große rote Paprikaschote, entkernt und gewürfelt
3 große Knoblauchzehen, gehackt
6 Eiertomaten, entkernt und gewürfelt
100 ml heiße Gemüsebrühe
Saft von 1 Zitrone
fein abgeriebene Schale von ½ unbehandelten Zitrone
1 EL Dijonsenf
4 gehäufte EL Crème fraîche
4 EL gehackte Petersilienblätter
Pfeffer aus der Mühle

ZATAR-GEWÜRZMISCHUNG

1 EL Sesamsamen
1 EL gemahlener Sumach
2 EL Thymianblätter
1 TL grobes Salz, plus Salz zum Abschmecken

1 Linsen und Lorbeerblätter in einer Kasserolle mit Wasser bedecken und zum Kochen bringen. Auf geringe Hitze reduzieren und teilweise zugedeckt in 25 Minuten weich köcheln lassen. Abgießen.

2 Während die Linsen kochen, die Eier in einer kleinen Kasserolle mit kochendem Wasser aufkochen, dann die Hitze reduzieren und die Eier 6 Minuten köcheln lassen. Aus der Kasserolle nehmen, etwa 1 Minute mit kaltem Wasser abschrecken.

3 Olivenöl in einer großen Bratpfanne erhitzen und die Zwiebel darin in 10 Minuten leicht goldbraun anschwitzen, dabei gelegentlich rühren. Sellerie und Paprika zugeben und weitere 3 Minuten braten, dann Knoblauch zufügen und 1 weitere Minute garen, dabei wieder gelegentlich rühren. Nach und nach Tomaten, Gemüsebrühe, Zitronensaft und -schale, Senf, Crème fraîche und Linsen unterrühren und alles 2–3 Minuten gemeinsam erwärmen, bis die Tomaten weich werden.

4 Inzwischen für die Zatar-Mischung Sesam in einer Pfanne ohne Öl bei mittlerer Hitze in 2–3 Minuten hellbraun rösten, dabei gelegentlich rühren. Vom Herd nehmen und mit den übrigen Zutaten in einer kleinen Schüssel vermischen. Die Eier schälen und im Zatar wälzen. (Übriges Gewürz kann luftdicht verschlossen bis zu 3 Wochen aufbewahrt werden.)

5 Linsen mit Salz und Pfeffer abschmecken und die Petersilie unterrühren. Die Mischung auf 4 tiefe Teller verteilen, die Eier längs halbieren, jede Portion mit je 2 Eihälften anrichten und servieren.

TAGLIATELLE MIT FRÜHLINGSGEMÜSE UND ZITRONE

FÜR 4 PERSONEN
375 g Tagliatelle
275 g Spargelspitzen
2 Zucchini, längs halbiert und in dünne Streifen geschnitten
4 Frühlingszwiebeln, schräg in Ringe geschnitten
Saft von 1 kleinen Zitrone
200 g Ziegenkäse, ohne Rinde
Salz und Pfeffer aus der Mühle
Basilikumblätter zum Anrichten

KNOBLAUCHBRÖSEL
5 EL Olivenöl
115 g Semmelbrösel, am besten frisch gerieben
2 große Knoblauchzehen, gehackt
abgeriebene Schale von 1 unbehandelten Zitrone
1 Chilischote, in Ringe geschnitten

1 Zunächst für die Knoblauchbrösel 2 EL Olivenöl in einer Pfanne bei mittlerer Hitze erwärmen und Semmelbrösel unter gelegentlichem Rühren 2 Minuten knusprig braten. Knoblauch, Zitronenschale und Chili zugeben und in 2–3 Minuten goldbraun garen.

2 Die Nudeln entsprechend der Packungsanleitung bissfest kochen, abgießen und 125 ml vom Kochwasser beiseite stellen. Inzwischen Spargel und Zucchini in 3–5 Minuten bissfest dämpfen und mit kaltem Wasser abschrecken.

3 Übriges Olivenöl in einer großen Pfanne bei mittlerer Hitze erwärmen und die Frühlingszwiebeln darin unter gelegentlichem Rühren 1 Minute anbraten. Nudeln und übriges Kochwasser zugeben und gut vermischen, dann Gemüse, Zitronensaft und die Hälfte der Knoblauchbrösel mit erwärmen. Mit Salz und Pfeffer abschmecken.

4 Nudeln auf 4 Teller verteilen, Ziegenkäse darüberkrümeln und das Ganze mit den übrigen Knoblauchbröseln und Basilikum bestreut servieren.

QUINOA-SPINAT-SALAT MIT PEKANNÜSSEN UND HALLOUMI

FÜR 4 PERSONEN
150 g roter Quinoa
250 g Halloumi, in Scheiben geschnitten
Olivenöl zum Bestreichen
2 EL Ras-el-Hanout
55 g Pekannuss-Hälften
4 EL Kürbiskerne
2 große Handvoll Babyspinat
6 getrocknete Aprikosen, gehackt
1 kleine rote Zwiebel, in Ringe geschnitten
4 EL gehackte Petersilie

GRANATAPFEL-DRESSING
3 EL Granatapfelsirup
1 EL Zitronensaft
3 EL Olivenöl
1 Knoblauchzehe, zerdrückt
½ TL feiner Zucker
1 Prise gemahlener Kreuzkümmel
Salz und Pfeffer aus der Mühle

1 Quinoa in einer Kasserolle mit Wasser bedecken und zum Kochen bringen. Auf geringe Hitze reduzieren und zugedeckt in 10–15 Minuten weich ziehen lassen. Abgießen und in einer Schüssel zum Abkühlen beiseite stellen.

2 Halloumischeiben mit Olivenöl bestreichen und im Ras-el-Hanout wenden. Eine Grillpfanne auf dem Herd bei starker Hitze erwärmen, dann auf mittlere Hitze reduzieren und den Käse darin unter einmaligem Wenden 3–4 Minuten grillen, bis Grillstreifen sichtbar werden, der Käse aber noch weich ist.

3 Inzwischen Pekannüsse in einer Pfanne ohne Öl bei mittlerer Hitze 2–3 Minuten rösten, nach der halben Zeit wenden. Aus der Pfanne nehmen, dann die Kürbiskerne darin rösten.

4 In einer kleinen Schüssel alle Zutaten für das Dressing verrühren und mit dem Quinoa vermischen. Spinat, Aprikosen, rote Zwiebel und Petersilie zugeben und alles im Dressing wenden. Den Salat auf 4 Teller verteilen, mit Pekannüssen und Kürbiskernen bestreuen und mit Halloumi belegt servieren.

BHEL PURI AUF KNUSPRIGEM PAPADAM

Dieser köstliche Salat nach indischer Art zaubert aus einfachen Zutaten ein ganz spezielles Ergebnis. Achtung bei der Tamarindenpaste: Manche Sorten enthalten Samen, die erst entfernt werden müssen.

FÜR 4 PERSONEN

450 g junge Kartoffeln, halbiert
200 g gekochte Kichererbsen
2 rote Chilischoten, entkernt und gehackt
1 kleine rote Zwiebel, fein gehackt
4 gehäufter EL gehackte Korianderblätter
4 rohe Papadam-Fladen
Sonnenblumenöl zum Frittieren
4 Tomaten, entkernt und gewürfelt
Salz und Pfeffer aus der Mühle

TAMARINDEN-JOGHURT-DRESSING

3 EL Tamarindenpaste
2,5 cm Ingwerwurzel, geschält und fein gehackt
½ TL gemahlener Kreuzkümmel
1 EL Zitronensaft
5 EL Naturjoghurt

1 Kartoffeln in kochendem Salzwasser 10 Minuten weich kochen, abgießen und zum Abkühlen beiseite stellen, dann schälen. Kartoffeln würfeln und in einer Schüssel mit Kichererbsen, Chili, roter Zwiebel und 3 EL Korianderblättern verrühren. Mit Salz und Pfeffer würzen.

2 Für das Dressing alle Zutaten zusammen mit 1 EL Wasser in einer Küchenmaschine zu einer glatten Masse vermischen. Über den Kartoffelsalat geben und gut verrühren.

3 Für die Papadams eine breite Kasserolle etwa 2,5 cm hoch mit Sonnenblumenöl füllen und auf 190 °C erhitzen. (Brotprobe: Ein Würfel Brot bräunt bei dieser Temperatur in 20 Sekunden.) Die Papadam-Fladen darin einzeln 2–3 Sekunden frittieren, dabei mit einem Pfannenwender in das Öl tauchen, bis sie knusprig werden und Blasen werfen. Auf Küchenpapier abtropfen lassen.

4 Zum Anrichten je 1 Papadam auf einem Teller mit einem Viertel der Kartoffelsalatmischung belegen. Tomaten und übrige Korianderblätter darauf verteilen und die Papadams bei Zimmertemperatur servieren.

WINTERGEMÜSE-EINTOPF MIT KAFFEE UND KÄSEKNÖDELN

Das intensive Kaffeearoma in diesem Eintopf verstärkt den Geschmack des Fonds und verleiht ihm Würze, ohne ihn zu überlagern.

FÜR 4 PERSONEN

2 EL Olivenöl
2 Zwiebeln, gehackt
1 Selleriestange, in Ringe geschnitten
1 Lauchstange, in Ringe geschnitten
2 Weißrüben, geschält und in mundgerechte Stücke geschnitten
2 Pastinaken, geschält und in mundgerechte Stücke geschnitten
250 g Babykarotten, geputzt
75 g Shiitake-Pilze, in Scheiben geschnitten
1 EL Mehl (Type 550)
6 Thymianzweige
1 Lorbeerblatt
200 ml stark gebrühter Kaffee
250 ml Gemüsebrühe
2 EL dunkle Sojasauce
400 g gekochte Borlotti-Bohnen
Salz und Pfeffer aus der Mühle

KÄSEKNÖDEL

90 g Mehl (Type 550), mit 4 g Backpulver vermischt
40 g würziger Hartkäse (z. B. reifer Cheddar), gerieben
2 EL gehackte Petersilie
40 g weiche Butter, gewürfelt

1 Öl in einem feuerfesten Topf oder einer Schmorpfanne bei mittlerer Hitze erwärmen und die Zwiebeln darin in etwa 6 Minuten glasig anschwitzen, dabei gelegentlich rühren. Sellerie und Lauch zugeben und weitere 2 Minuten braten, dann Rüben, Pastinaken, Karotten und Shiitake zufügen. Mehl unterrühren und 1 Minute unter Rühren garen, dann Thymian und Lorbeer zugeben. Kaffee, Gemüsebrühe, Sojasauce und Borlottibohnen zufügen, alles zum Kochen bringen, dann auf geringe Hitze reduzieren und 10 Minuten köcheln lassen, dabei gelegentlich rühren. Mit Salz und Pfeffer abschmecken.

2 Inzwischen für die Knödel Mehl, Cheddar, Petersilie und Butter in einer Schüssel verrühren, 1 EL Wasser unterrühren und die Mischung mit den Händen zu einem festen Teig kneten. Den Teig zu einer Kugel formen, in 8 gleich große Portionen teilen und aus diesen kleine Kugeln rollen.

3 Die Knödel in den Topf zugeben, sodass sie zur Hälfte im Fond schwimmen. Den Eintopf zugedeckt etwa 20–25 Minuten bei geringer Hitze köcheln lassen, bis die Knödel locker aufgehen und das Gemüse weich ist. Heiß servieren.

KASTANIEN-PILZ-RAGOUT MIT SÜSSKARTOFFELPÜREE

Bei geringer Hitze gegart, nehmen die Pilze das Aroma von Sherry und Sojasauce gut an. Das Ergebnis: ein reichhaltiges Ragout mit herzhaft-erdigem Geschmack.

FÜR 4 PERSONEN

40 g getrocknete Steinpilze
3 EL Olivenöl
40 g Butter
350 g Schalotten, geschält und je nach Größe halbiert oder geviertelt (Ansatz bleibt ganz)
500 g Champignons, in dicke Scheiben geschnitten
2 TL getrockneter Thymian
125 ml trockener Sherry
250 g gekochte Esskastanien, in dicke Scheiben geschnitten
2 EL helle Sojasauce
einige Spritzer Hot Sauce (Chilisauce)
5 EL Sahne
einige Zweige Petersilie, gehackt
Salz und Pfeffer aus der Mühle

SÜSSKARTOFFELPÜREE

900 g Süßkartoffeln, geschält und in Stifte geschnitten
2 große Knoblauchzehen
150 ml Milch
30 g Butter

1 Steinpilze in 150 ml kochendem Wasser etwa 20 Minuten einweichen.

2 Olivenöl und Butter in einer großen, stabilen Kasserolle bei mittlerer Hitze erwärmen und die Schalotten darin in etwa 12 Minuten glasig und goldbraun anschwitzen, dabei gelegentlich rühren. Champignons zugeben und weitere 4–5 Minuten garen.

3 Steinpilze abgießen und die Einweichflüssigkeit auffangen. Pilze in die Kasserolle geben, Thymian und Sherry zufügen. Alles zum Kochen bringen, dann auf geringe Hitze reduzieren und garen, bis die Flüssigkeit auf die Hälfte eingekocht und das Alkoholaroma verkocht ist.

4 Einweichflüssigkeit, Kastanien, Sojasauce und Chilisauce zugeben und weitere 10–15 Minuten etwa auf die Hälfte einkochen lassen. Sahne unterrühren und sanft mit erwärmen, dann mit Salz und Pfeffer abschmecken.

5 Inzwischen für das Süßkartoffelpüree Süßkartoffeln mit Knoblauch in kochendem Salzwasser 10 Minuten garen. Abgießen und zurück in den Topf geben. Mit Milch und Butter verrühren, mit Salz und Pfeffer abschmecken und erneut erwärmen. Zu einem glatten Püree mixen und zum Warmhalten zugedeckt beiseite stellen.

6 Das Pilzragout mit Petersilie bestreuen und zusammen mit dem Süßkartoffelpüree servieren.

SCHÄLERBSEN-CURRY MIT INDISCHEM FRISCHKÄSE

Durch langsames Garen werden die Schälerbsen weich, die Sauce dickt ein. Der Curry kann bis zu drei Tage im Voraus vorbereitet und aufgewärmt werden, die Aromen können einwirken und werden so intensiver.

FÜR 4 PERSONEN

200 g gelbe Schälerbsen, abgespült
3 EL Sonnenblumenöl
2 Zwiebeln, fein gehackt
3 Knoblauchzehen, gehackt
5 cm Ingwerwurzel, geschält und gerieben
2 TL gelbe Senfkörner
2 TL Kreuzkümmelsamen
1 TL Fenchelsamen
1 große rote Chilischote, entkernt und gehackt
1 TL Kurkumapulver
1 TL gemahlener Koriander
2 Karotten, gewürfelt
3 Curryzweige
200 ml passierte Tomaten
300 ml Gemüsebrühe
300 ml Kokosmilch
225 g Panir-Frischkäse, gewürfelt
Salz und Pfeffer aus der Mühle
Korianderblätter zum Anrichten

1 Schälerbsen in einer großen Kasserolle mit viel Wasser bedecken. Zum Kochen bringen, dann auf geringe Hitze reduzieren und teilweise zugedeckt etwa 40 Minuten garen. Wenn das Kochwasser schäumt, gelegentlich den Schaum abschöpfen. Die Schälerbsen abgießen und zurück in den Topf geben.

2 Sonnenblumenöl in einer großen Pfanne bei mittlerer Hitze erwärmen und die Zwiebeln darin in 10 Minuten glasig und leicht goldbraun anschwitzen. Knoblauch, Ingwer und Senfkörner unterrühren, Kreuzkümmel und Fenchelsamen zugeben und 2 Minuten garen, dann Chili, Kurkuma und gemahlenen Koriander zufügen. Alles unter die gekochten Schälerbsen rühren.

3 Karotten, Curryblätter, passierte Tomaten und Gemüsebrühe zufügen und alles zum Kochen bringen. Auf geringe Hitze reduzieren und teilweise zugedeckt 10 Minuten köcheln lassen. Kokosmilch und Panir-Käse zugeben und unter gelegentlichem Rühren teilweise zugedeckt weitere 10 Minuten eindicken lassen. Den Curry mit Salz und Pfeffer abschmecken und mit Korianderblättern garniert servieren.

GNOCCHI MIT KÜRBIS UND NÜSSEN IN SALBEIBUTTER

Gnocchi gibt es in vielen regionalen Versionen. Das Verhältnis von Butter und Mehl, die Zugabe von Eiern und selbst die Form und Größe variieren bei diesen kleinen Klößchen aus Kartoffelteig.

FÜR 4 PERSONEN

550 g mehligkochende Kartoffeln gleicher Größe, ungeschält
200 g Mehl (italienische Type 00 oder Type 550), plus Mehl zum Wenden
1 Ei, leicht geschlagen
Salz und Pfeffer aus der Mühle
frisch geriebener Parmesan oder Pecorino zum Anrichten

SAUCE

550 g Butternuss-Kürbis oder verwandte Sorte, geschält, Kerne entfernt und in mundgerechte Stücke geschnitten
6 EL Olivenöl
125 g Walnusskerne
70 g Butter
1 kleine Handvoll Salbeiblätter, grob gehackt

1 Kartoffeln in kochendem Wasser in 20 Minuten weich kochen, abgießen und kurz abkühlen lassen, dann schälen. Mehl in eine Schüssel sieben, in der Mitte eine Vertiefung machen und das verquirlte Ei hineingießen. Kartoffeln darüberreiben (oder durch ein Sieb streichen), mit Salz und Pfeffer würzen und grob verrühren, dann zu einem weichen Teig verkneten. Bei Bedarf etwas Mehl zugeben.

2 Mit bemehlten Händen den Teig zu einer Rolle formen (Durchmesser etwa 1,5 cm) und in etwa 2 cm breite Stücke schneiden. Mit dem Finger eine kleine Mulde drücken und die Seiten abrunden. Die Gnocchi kühl stellen.

3 Inzwischen für die Sauce den Kürbis rösten: Den Backofen auf 200 °C vorheizen und ein Backblech mit 1 TL Olivenöl bestreichen. Die Kürbisstücke in etwa 20 Minuten weich rösten und nach der halben Garzeit wenden. Walnüsse auf einem weiteren Backblech verteilen und 3–5 Minuten rösten, kurz abkühlen lassen und dann grob hacken.

4 Eine große Kasserolle mit Salzwasser zum Kochen bringen und jeweils etwa 20 Gnocchi darin 2–3 Minuten garen, bis sie an der Oberfläche schwimmen. Mit einem Schaumlöffel aus dem Wasser nehmen und auf einem Teller warm halten, inzwischen mit den übrigen Gnocchi ebenso verfahren.

5 Übriges Öl und Butter in einer großen Kasserolle bei mittlerer Hitze erwärmen. Salbei darin 1 Minute unter Rühren anbraten, dann Kürbis und die Hälfte der Walnüsse zugeben. Die fertigen Gnocchi zufügen und in der Sauce wenden, bei Bedarf einen Spritzer Wasser zugeben. Die Gnocchi mit den übrigen Walnüssen und mit Parmesan bestreuen und sofort servieren.

MELONENCURRY AUF SCHWARZEN-LINSEN-LAIBCHEN

Wassermelone sorgt für einen strahlend bunten, fruchtig-frischen Curry. Die ganzen Gewürze werden am besten zuerst geröstet – so wird die Sauce intensiver.

FÜR 4 PERSONEN
4 cm Ingwerwurzel, geschält
2 große Knoblauchzehen, gehackt
1 EL Sonnenblumenöl
2 TL Kreuzkümmelsamen
1 TL Bockshornklee-Samen
1 lange rote Chilischote, entkernt und fein gehackt
2,25 kg Wassermelone, Schale und Kerne entfernt, in mundgerechte Stücke geschnitten
2 TL Kurkumapulver
2 TL gemahlener Koriander
2 EL Limettensaft
2 EL Minzeblätter, klein gezupft
Salz und Pfeffer aus der Mühle

SCHWARZE-LINSEN-LAIBCHEN
225 g ganze schwarze Linsen
1 EL Sonnenblumenöl, plus Öl zum Braten
1 große Zwiebel, fein gehackt
2 große Knoblauchzehen, gehackt
2 TL Kreuzkümmelsamen
2 TL Garam Masala
2 TL gemahlener Koriander
1 TL scharfes Chilipulver
1 Ei, leicht geschlagen
3 EL Mehl (Type 550), plus Mehl zum Wenden

1 Für die Laibchen zunächst die Linsen in einer Kasserolle mit Wasser bedecken und zum Kochen bringen, dann auf geringe Hitze reduzieren und teilweise zugedeckt in etwa 40 Minuten sehr weich köcheln lassen. Abgießen, in eine Rührschüssel füllen und mit dem Kartoffelstampfer oder einer Gabel grob zerdrücken. Zum Abkühlen beiseite stellen.

2 Inzwischen für die Laibchen Öl in einer Pfanne bei mittlerer Hitze erwärmen und die Zwiebel darin in 8 Minuten glasig anschwitzen, dabei gelegentlich rühren. Knoblauch und Kreuzkümmel zugeben und 1 weitere Minute garen, dann Garam Masala, Koriander und Chilipulver zugeben und die Mischung unter die Linsen rühren. Ei und Mehl zufügen, mit Salz und Pfeffer würzen.

3 Mit bemehlten Händen die Linsenmischung in 4 gleich große Portionen teilen und jede zu einem Laibchen formen. In etwas Mehl wenden. Die Masse ist sehr locker, mithilfe von Mehl fest zu einem Laibchen pressen. Die Laibchen auf einem Teller kühl stellen.

4 Für den Melonencurry Ingwer und Knoblauch in einer Küchenmaschine pürieren. Das übrige Öl in einer Pfanne bei mittlerer Hitze erwärmen und die Mischung etwa 1 Minute anbraten, dabei gelegentlich rühren. Kreuzkümmel und Bockshornklee zufügen und 1 weitere Minute garen, dann Chili zugeben.

5 Die Hälfte der Melone in der Küchenmaschine pürieren und zusammen mit Kurkuma und gemahlenem Koriander in die Pfanne zugeben. Zum Kochen bringen, dann auf geringe Hitze reduzieren und weitere 10 Minuten garen, bis die Masse auf die Hälfte eingedickt ist.

6 Inzwischen eine große beschichtete Bratpfanne großzügig mit Öl füllen, bei mittlerer Hitze erwärmen und die Laibchen zugeben. Mit einem Pfannenwender leicht flachpressen und auf jeder Seite in 2–3 Minuten knusprig braten.

7 Limettensaft und übrige Melone zum Curry geben, mit Salz und Pfeffer abschmecken und 5–8 Minuten garen.

8 Je 1 Linsenlaibchen auf einem Teller mit Melonencurry anrichten und das Ganze mit Minze bestreut servieren.

BOHNEN-MOLE MIT KICHERERBSEN-PFANNKUCHEN

Für diese klassische mexikanische Mole-Sauce gibt es viele Rezepte. Chili und Gewürze sorgen für Schärfe, verfeinert wird sie mit etwas Schokolade. Chipotle-Chili ist im Originalrezept nicht enthalten, verleiht ihr aber eine köstliche Rauchnote. Dazu passen Pfannkuchen aus Kichererbsenmehl.

FÜR 4 PERSONEN

400 g Eichelkürbis, geschält, Kerne entfernt und in mundgerechte Stücke geschnitten
40 g geschälte Mandeln
2 EL Olivenöl
1 große Zwiebel, gehackt
3 Knoblauchzehen, gehackt
1 getrocknete Chipotle-Chili, gehackt, oder 3 EL Chipotle-Paste
1 getrocknete Ancho-Chili, fein gehackt
½–1 TL getrocknete Chiliflocken
2 TL edelsüßes Paprikapulver
½ TL Zimt
1 TL gemahlener Kreuzkümmel
½ TL gemahlener Piment
600 ml passierte Tomaten
2 Lorbeerblätter
2 TL Vollrohrzucker
40 g Zartbitterschokolade, gehackt
275 g gekochte schwarze Bohnen
fein abgeriebene Schale von ½ unbehandelten Limette, plus Schale zum Anrichten
6 EL Crème fraîche
Salz und Pfeffer aus der Mühle
1 Avocado zum Anrichten

KICHERERBSEN-PFANNKUCHEN

225 g Kichererbsenmehl
1 TL Backsoda
1 TL Salz
Sonnenblumenöl zum Ausbacken

1 Für die Pfannkuchen Kichererbsenmehl, Backsoda und Salz in eine große Rührschüssel sieben. In der Mitte eine Vertiefung machen und 400 ml Wasser zugießen. Mehl und Wasser nach und nach zu einem glatten, dickflüssigen Teig verrühren und mindestens 20 Minuten ruhen lassen.

2 Kürbis in einem Dampfgarer 6 Minuten garen. Inzwischen die Mandeln in einer Pfanne ohne Öl bei mittlerer Hitze 3–4 Minuten rösten, dann zum Abkühlen beiseite stellen.

3 Olivenöl in einer großen Pfanne bei mittlerer Hitze erwärmen und die Zwiebeln darin in 8 Minuten glasig anschwitzen. Knoblauch, Chili, Paprikapulver, Zimt, Kreuzkümmel und Piment zugeben und 2 Minuten unter Rühren garen. Passierte Tomaten, Lorbeer sowie 125 ml Wasser zugeben und alles zum Kochen bringen, dann auf geringe Hitze reduzieren und teilweise zugedeckt etwa 10 Minuten köcheln lassen.

4 Mandeln in einer Küchenmaschine fein mahlen, unter die Sauce rühren. Zucker und Schokolade zugeben und rühren, bis die Schokolade schmilzt. Bohnen zufügen und zugedeckt etwa 20 Minuten köcheln lassen, dabei immer wieder umrühren, damit die Sauce nicht anbrennt. Kürbis zugeben, mit erwärmen und mit Salz und Pfeffer abschmecken.

5 Inzwischen für die Pfannkuchen den Backofen auf 70 °C vorheizen. Den Boden einer beschichteten Bratpfanne mit Öl bedecken und bei mittlerer Hitze erwärmen. Für jeden Pfannkuchen 4 EL Teig in der Pfanne verteilen und auf jeder Seite in 2–3 Minuten goldbraun backen. Fertige Pfannkuchen im Ofen warm halten und bei Bedarf mehr Öl in die Pfanne geben.

6 Limettenschale unter die Crème fraîche rühren, Avocado schälen, entsteinen und in dünne Spalten schneiden. Die Mole mit Crème fraîche und Avocado garnieren, mit der übrigen Limettenschale bestreuen und zusammen mit den Pfannkuchen servieren.

MANGOLD-STEINPILZ-PAPPARDELLE MIT PARMESAN

FÜR 4–6 PERSONEN
30 g getrocknete Steinpilze
375 g Pappardelle
3 EL Olivenöl
200 g kleine Champignons, in Scheiben geschnitten
200 ml trockener Weißwein
200 g gelb- und rotstieliger Mangold, Stiele in dünne Scheiben geschnitten und Blätter in breite Streifen geschnitten
200 g Crème fraîche
70 g Parmesan, fein gerieben
Salz und Pfeffer aus der Mühle

1 Steinpilze in 250 ml kochendem Wasser 20 Minuten einweichen, dann abgießen und die Einweichflüssigkeit beiseite stellen. Die Pilze grob hacken.

2 Nudeln in viel kochendem Salzwasser entsprechend der Packungsanleitung garen, dann abgießen.

3 Inzwischen Olivenöl in einer großen Sautierpfanne bei mittlerer Hitze erwärmen. Steinpilze darin in 4 Minuten leicht knusprig braten, Champignons zugeben und weitere 4 Minuten garen. Mit Wein aufgießen, zum Kochen bringen und bei mittlerer Hitze 5 Minuten garen, bis die Flüssigkeit auf die Hälfte verdampft. Einweichflüssigkeit zugießen und 3 Minuten eindicken lassen.

4 Inzwischen Mangold in 2–3 Minuten weich dämpfen.

5 Crème fraîche unter die Pilzmischung rühren, mit reichlich Salz und Pfeffer abschmecken und die Hälfte des Parmesans unterrühren. Nudeln und Mangold zufügen und in der Sauce wenden. Mit dem übrigen Parmesan bestreuen, mit Salz und Pfeffer abschmecken und die Pappardelle sofort servieren.

POLENTA MIT KÄSE UND SCHALOTTEN-FENCHEL-CONFIT

FÜR 4 PERSONEN
100 ml Olivenöl
400 g Schalotten, je nach Größe geviertelt oder in 6 Spalten geschnitten (Ansatz bleibt ganz)
1 Aubergine, in mundgerechte Stücke geschnitten
1 große Fenchelknolle, in 8 Spalten geschnitten
3 EL Apfelsaft
1 EL Balsamicoessig
1 TL Farinzucker (brauner Zucker)
Salz und Pfeffer aus der Mühle

POLENTA MIT KÄSE
175 g Instant-Polenta (vorgegarter Polentagrieß)
40 g Butter
55 g Parmesan, fein gerieben

1 Olivenöl in einer tiefen Sautierpfanne bei mittlerer Hitze erwärmen. Schalotten gleichmäßig darin verteilen (nicht schichten) und etwa 7 Minuten sautieren, dabei gelegentlich rühren. Aubergine und Fenchel zugeben, zudecken und etwa 25 Minuten bei geringer Hitze garen, dabei gelegentlich rühren, damit das Gemüse nicht anbrennt.

2 Apfelsaft, Balsamico und Zucker zugeben und mit Salz und Pfeffer würzen. Gut verrühren und alles 10 Minuten garen, bis das Gemüse sehr weich und die Balsamicomischung eingedickt ist.

3 Inzwischen für die Polenta 850 ml Wasser in einer Kasserolle erwärmen, Polenta hineinstreuen und unter Rühren zum Kochen bringen. Hitze reduzieren und unter Rühren 5–6 Minuten garen, bis eine glatte, cremige Masse mit der Konsistenz von dickem Püree entsteht. Butter und Parmesan einrühren und mit Salz und Pfeffer abschmecken. Polenta zusammen mit dem Schalotten-Fenchel-Confit servieren.

ASIATISCHER BOHNEN-RISOTTO MIT SHIITAKEPILZEN

Chinesischer Reiswein, fermentierte Sojabohnen und das intensiv-fleischige Aroma der Shiitakepilze sorgen für einen Risotto mit fernöstlichem Touch. Sie können den Risotto nach Belieben vorkochen und müssen vor dem Servieren nur noch die Brühe erwärmen und bei Schritt 4 fortsetzen.

FÜR 4 PERSONEN

3 EL fermentierte schwarze Sojabohnen
2 EL Olivenöl
2 Zwiebeln, gewürfelt
5 cm Stück Ingwerwurzel, geschält und in Stifte geschnitten
200 g braune Champignons, halbiert
200 g Shiitake-Pilze, in Scheiben geschnitten
350 g Arborio-Reis
170 ml chinesischer Kochwein oder trockener Sherry
1,5 l heiße Gemüsebrühe
2 EL helle Sojasauce
4 EL gehackte Korianderblätter
2 EL fein gehackter Schnittlauch
frischer Pfeffer aus der Mühle

1 Schwarze Bohnen in 3 EL heißem Wasser 20 Minuten quellen lassen, dann abgießen und beiseite stellen.

2 Olivenöl in einer großen, stabilen Kasserolle bei mittlerer Hitze erwärmen und die Zwiebeln darin zugedeckt in 8 Minuten glasig anschwitzen, dabei gelegentlich rühren. Sojabohnen, Ingwer, Pilze und Reis zugeben und 2 Minuten unter Rühren garen, bis der Reis gleichmäßig mit Öl bedeckt ist und glänzt.

3 Wein zugießen und 3 weitere Minuten garen, bis der Wein aufgesogen ist. Dann 1 Schöpflöffel Gemüsebrühe zugeben und unter ständigem Rühren mit einem Holzlöffel bei geringer Hitze weitergaren, bis der Reis alle Flüssigkeit aufgesogen hat.

4 Schöpferweise die Brühe zugeben, bis die gesamte Gemüsebrühe aufgebraucht und der Reis gar ist. Regelmäßig rühren, damit der Reis gleichmäßig gar wird und nicht anbrennt. Nach etwa 25 Minuten sollte er weich-cremig, aber noch bissfest sein.

5 Sojasauce und die Hälfte der Korianderblätter einrühren und mit Pfeffer abschmecken. Mit Schnittlauch und dem übrigen Koriandergrün bestreuen und den Risotto sofort servieren.

SOMMERLICHE PAELLA

Die klassische spanische Paella in einer fleischlosen Variante, der es dennoch an nichts fehlt. Wichtig ist der passende Reis. Während des Kochens soll er außerdem nicht gerührt werden, damit am Boden die begehrte goldgelbe Kruste entsteht. Dazu passt nach Belieben ein Löffel Zitronen-Knoblauch-Mayonnaise (siehe Seite 138).

FÜR 4 PERSONEN

55 g geschälte Mandeln
150 g dicke Bohnen, ausgelöst
150 g Spargelspitzen
½ TL Safranfäden
3 EL Olivenöl
2 Zwiebeln, fein gehackt
3 Knoblauchzehen, gehackt
1 große rote Paprikaschote, entkernt und fein gehackt
1 TL geräuchertes Paprikapulver
1 TL Kurkumapulver
375 g spanischer Calasparra-Reis
80 ml trockener Sherry
900 ml Gemüsebrühe
10 Kirschtomaten, halbiert
85 g kleine schwarze Oliven
Basilikumblätter zum Anrichten
Salz und Pfeffer aus der Mühle

1 Mandeln in einer Pfanne ohne Öl bei mittlerer Hitze in 3–4 Minuten hellbraun rösten, dabei gelegentlich rühren. Vom Herd nehmen und beiseite stellen.

2 Bohnen in kochendem Wasser etwa 3 Minuten weich blanchieren, abgießen und mit kaltem Wasser abschrecken. Dann die Bohnen vorsichtig aus den Hülsen lösen. Spargel in 3 Minuten bissfest dämpfen, ebenfalls mit kaltem Wasser abschrecken. Safran mit 1 EL heißem Wasser in einer kleinen Schüssel ziehen lassen.

3 Olivenöl bei mittlerer Hitze in einer Paellapfanne oder einer großen Bratpfanne mit Deckel erwärmen. Zwiebel darin unter Rühren etwa 5 Minuten anbraten, Knoblauch und Paprika zugeben und unter gelegentlichem Rühren weitere 3 Minuten garen. Paprikapulver, Kurkuma und Reis zugeben und 2 Minuten rühren, bis der Reis gleichmäßig mit Öl bedeckt ist.

4 Sherry zugießen und die Mischung weitergaren, bis die Flüssigkeit aufgesogen ist. Safran mitsamt der Einweichflüssigkeit zugeben und Gemüsebrühe zugießen. Alles unter Rühren zum Kochen bringen, dann auf geringste Hitze reduzieren und 20 Minuten ohne Rühren köcheln lassen, bis die Gemüsebrühe vollständig aufgesogen ist. Vom Herd nehmen, Bohnen, Tomaten, Spargel und Oliven zugeben und 10 Minuten zugedeckt ziehen lassen, bis das Gemüse aufgewärmt ist.

5 Mit Salz und Pfeffer abschmecken und die Paella mit Mandeln und Basilikum garniert sofort servieren.

LINSEN-DAL MIT GERÖSTETEN MANDELN

FÜR 4–6 PERSONEN
225 g rote Linsen
1 EL Sonnenblumenöl
1 EL Senföl
1 große Zwiebel, fein gehackt
3 Knoblauchzehen, gehackt
2,5 cm Stück Ingwerwurzel, geschält und gerieben
2 TL Kreuzkümmel, gemahlen
2 TL Senfkörner, gemahlen
12 Curryblätter
2 TL Kurkumapulver
5 Tomaten, geschält, Kerne entfernt, gewürfelt
3 kleine rote Chilischoten, längs eingeschnitten
1 EL Tamarindenpaste
Saft von 1 Limette, plus Spalten zum Anrichten
2 EL Mandelblättchen, geröstet
Salz und Pfeffer aus der Mühle

1 Linsen in einer Kasserolle mit 800 ml Wasser bedecken. Zum Kochen bringen, dann auf geringe Hitze reduzieren und teilweise zugedeckt 25–30 Minuten köcheln lassen, bis die Linsen sehr weich sind und das Wasser aufgesogen ist.

2 Inzwischen Sonnenblumen- und Senföl in einer großen Sautierpfanne bei mittlerer Hitze erwärmen und die Zwiebeln darin in 8 Minuten glasig-goldbraun braten. Knoblauch, Ingwer, Kreuzkümmel und Senfkörner sowie Curryblätter zugeben und unter Rühren 2 Minuten garen.

3 Kurkuma, Tomatenwürfel und Chili zufügen, auf geringe Hitze reduzieren und weitere 3 Minuten garen. Linsen unterheben, Tamarindenpaste und Limettensaft unterrühren und mit erwärmen. Mit Salz und Pfeffer abschmecken und den Dal mit Mandelblättchen und Limettenspalten garniert servieren.

CHUTNEY AUS ROTEN ZWIEBELN

FÜR 4 PERSONEN
30 g Butter
2 EL Olivenöl
300 g rote Zwiebeln, in dünne Ringe geschnitten
50 g Muscovadozucker (brauner Zucker)
100 ml Rotwein
3 EL Balsamicoessig
Salz und Pfeffer aus der Mühle

1 Butter mit Olivenöl in einer stabilen Pfanne bei geringer Hitze erwärmen und die Zwiebeln darin teilweise zugedeckt in 15 Minuten glasig anschwitzen, dabei gelegentlich rühren. Zucker zugeben und unter Rühren 15 Minuten weitergaren, bis der Zucker karamellisiert.

2 Auf mittlere Hitze erhöhen, Rotwein und Essig zugeben (Achtung, die Mischung könnte spritzen). 2 Minuten gemeinsam erwärmen, dann auf geringe Hitze reduzieren und teilweise zugedeckt 10–15 Minuten eindicken lassen. Mit Salz und Pfeffer abschmecken und das Chutney vor dem Servieren auf Zimmertemperatur abkühlen lassen. Das Chutney ist in einem ausgekochten, luftdicht verschlossenen Glas bis zu 2 Monate haltbar.

BROKKOLI MIT CHILI, ZITRONE UND OLIVENÖL

FÜR 4 PERSONEN
400 g Brokkoli
30 g Butter
2 EL Zitronensaft
fein abgeriebene Schale von ½ unbehandelten Zitrone
1 mittlere rote Chilischote, entkernt und fein gehackt
Salz

1 Brokkoli 2 Minuten kochen, dann mit kaltem Wasser abschrecken und gut abtropfen lassen.

2 Butter in einer Pfanne bei geringer Hitze erwärmen, Zitronensaft, -schale und Chili zugeben, gut verrühren. Den Brokkoli zugeben, erwärmen, salzen und leicht verrühren. Sofort servieren.

HERZHAFTER ZWIEBEL-JUS

Eine herrliche Beilage zu vegetarischen Pasteten und Bratengerichten. Dazu werden die Zwiebeln langsam gegart, damit sie weich werden und ihr natürlicher Zucker zu karamellisieren beginnt.

FÜR 4 PERSONEN
2 EL Sonnenblumenöl
2 Zwiebeln, in dünne Ringe geschnitten
2 EL Mehl (Type 550)
150 ml trockener Rotwein
350 ml Gemüsebrühe
1 EL vegetarische Worcestersauce
1 TL Dijon-Senf
Salz und Pfeffer aus der Mühle

1 Öl in einer Kasserolle bei geringer Hitze erwärmen und die Zwiebeln darin in etwa 12 Minuten goldgelb braten, dabei regelmäßig rühren. Mehl zugeben und unter ständigem Rühren 1 weitere Minute garen.

2 Wein unterrühren und alles zum Kochen bringen, dann auf geringe Hitze reduzieren und 3–5 Minuten köcheln lassen, bis die Flüssigkeit auf die Hälfte reduziert ist.

3 Gemüsebrühe, Worcestersauce und Senf zugeben, alles 10 Minuten weiterköcheln und eindicken lassen. Mit Salz und Pfeffer abschmecken und den Jus servieren.

BABYKAROTTEN MIT HONIG-ROSMARIN-GLASUR

FÜR 4 PERSONEN
550 g Babykarotten, geputzt
30 g Butter
1 EL Olivenöl
1 große Knoblauchzehe, zerdrückt
Blätter von 2 Rosmarinzweigen, fein gehackt
2 TL Ganzkornsenf
1 EL flüssiger Honig

1 Karotten 3 Minuten kochen, bis sie fast weich sind, abgießen und gut abtropfen lassen.

2 Butter und Olivenöl in einer Sautierpfanne bei mittlerer Hitze erwärmen, Knoblauch und Rosmarin zugeben und 1 Minute braten. Dann Karotten, Senf und Honig zufügen und bei geringer Hitze unter ständigem Rühren, damit der Honig nicht anbrennt, 2 Minuten garen, bis die Karotten weich und gleichmäßig glasiert sind. Sofort servieren.

PERSISCHER REIS MIT BERBERITZEN

FÜR 4 PERSONEN

250 g Basmatireis
½ TL Salz, plus Salz zum Abschmecken
½ TL Safranfäden
2 EL Olivenöl
1 Zwiebel, fein gehackt
1 Zucchini, gewürfelt
abgeriebene Schale von 1 unbehandelten Orange
1 TL Kreuzkümmelsamen
1 TL Zimt
60 g ungeschwefelte getrocknete Aprikosen, gehackt
55 g geschälte Mandeln, gehackt
35 g Butter
3 EL getrocknete Berberitzen
frischer Pfeffer aus der Mühle

1 Reis 1 Stunde einweichen, abgießen und mit kaltem Wasser abspülen. Reis mit Salz in einer Kasserolle mit Wasser bedecken, zum Kochen bringen, dann auf geringe Hitze reduzieren und 4 Minuten köcheln lassen. Abgießen und beiseite stellen, die Kasserolle auswaschen.

2 Safran mit 4 EL heißem Wasser in einer kleinen Schüssel ziehen lassen. Inzwischen die Hälfte des Olivenöls in einer Pfanne bei mittlerer Hitze erwärmen und die Zwiebel darin unter gelegentlichem Rühren in 6 Minuten glasig anschwitzen. Zucchini zugeben und weitere 3 Minuten garen, dann Orangenschale, Kreuzkümmel, Zimt, Aprikosen und Mandeln zugeben. Safran mit Einweichflüssigkeit zufügen, mit Salz und Pfeffer abschmecken und gut verrühren.

3 Butter mit übrigem Öl in der Kasserolle bei geringer Hitze zerlassen. Die halbe Menge Reis darin mit der halben Menge Gemüse belegen, dann mit dem übrigen Reis und abschließend dem Gemüse bedecken. Mit dem Stiel eines Holzlöffels 5 Löcher in den Reis stechen und je 1 TL Wasser hineingießen. Mit einem passenden Deckel zugedeckt 10–15 Minuten garen, bis der Reis zart ist und sich am Boden eine goldgelbe Kruste bildet. Den Reis mit Berberitzen bestreut servieren.

BIRNEN-CHUTNEY

FÜR 4 PERSONEN

2 EL Olivenöl
1 Zwiebel, fein gehackt
1 Knoblauchzehe, fein gehackt
1 TL gemahlener Kreuzkümmel
1 TL gemahlener Koriander
½ TL chinesisches Fünf-Gewürze-Pulver
80 ml Rotweinessig
50 g Vollrohrzucker
½ TL Salz
50 g ungeschwefelte getrocknete Birnen, gehackt
3 Birnen, geschält, Kerngehäuse entfernt und gehackt

1 Olivenöl in einer stabilen Kasserolle bei mittlerer Hitze erwärmen und die Zwiebel darin 6 Minuten anbraten, dabei gelegentlich rühren. Hitze reduzieren und unter gelegentlichem Rühren weitere 6 Minuten braten, bis die Zwiebel glasig und goldbraun ist.

2 Knoblauch zugeben und 1 Minute mitgaren, dann die übrigen Zutaten unterrühren und alles zum Kochen bringen. Auf geringe Hitze reduzieren und zugedeckt 40 Minuten köcheln lassen, bis die Masse eindickt. Gelegentlich rühren, damit das Chutney nicht anbrennt. Vor dem Servieren auf Zimmertemperatur abkühlen lassen.

3 In einem ausgekochten, luftdichtverschlossenen Glas ist das Chutney bis zu einem Monat haltbar.

REISPUDDING MIT APRIKOSEN IN KARDAMOMSIRUP

FÜR 4 PERSONEN
200 g Rundkornreis
625 ml Milch
2 TL Zimt
1 TL frisch geriebener Muskat
6 EL feiner Zucker
fein abgeriebene Schale von 1 großen unbehandelten Orange
3 EL Sahne
4 EL Mandelblättchen, geröstet

APRIKOSEN IN KARDAMOMSIRUP
300 g ungeschwefelte getrocknete Aprikosen
5 Kardamomkapseln, grob zerstampft
3 EL flüssiger Honig

1 Aprikosen mit Kardamom, Honig und 375 ml Wasser in einer Kasserolle gut verrühren. Zum Kochen bringen, dann auf geringe Hitze reduzieren und teilweise zugedeckt 20 Minuten köcheln lassen, bis die Aprikosen weich sind und die Sauce sirupartig eingedickt ist. Vom Herd nehmen und beiseite stellen.
2 Inzwischen Reis mit 600 ml Wasser in einer stabilen Kasserolle zum Kochen bringen. Auf geringe Hitze reduzieren und 15 Minuten offen köcheln lassen, bis das Wasser aufgesogen ist.
3 Milch, Zimt, Muskat, Zucker und Orangenschale unter den Reis rühren und erneut aufkochen. Dann auf geringe Hitze reduzieren und teilweise zugedeckt 20 Minuten unter regelmäßigem Rühren köcheln lassen, bis der Reis gar ist. Sahne unterrühren und mit erwärmen.
4 Reispudding auf 4 Schüsseln verteilen, mit Mandelblättchen bestreuen und zusammen mit Aprikosen und Sirup servieren.

ZABAIONE MIT EINGEMACHTEM RHABARBER

FÜR 4 PERSONEN
4 Eigelb
55 g feiner Zucker
5 EL Marsalawein

EINGEMACHTER RHABARBER
300 g Rhabarber, in dicke Scheiben geschnitten
½ TL Vanilleextrakt
4 EL feiner Zucker oder mehr nach Belieben

1 Für das Kompott Rhabarberstücke mit Vanilleextrakt, Zucker und 2 EL Wasser in eine Kasserolle geben. Zum Kochen bringen, dann auf geringe Hitze reduzieren und in etwa 7 Minuten sehr weich köcheln lassen. Nach Belieben mit mehr Zucker abschmecken – dabei beachten, dass die Zabaione süß ist. Rhabarber vom Herd nehmen und beiseite stellen.
2 Eigelb und Zucker in einer hitzebeständigen Schüssel über einem Topf mit köchelndem Wasser verquirlen. Die Schüssel soll das Wasser nicht berühren. Die Mischung hell und cremig schlagen, dann nach und nach unter Rühren den Wein zugeben und weitere 15 Minuten unter Rühren erhitzen, bis die Masse auf die dreifache Menge aufgegangen und locker schaumig ist.
3 Vom Rhabarber die Hälfte auf 4 Gläser verteilen und mit Zabaione bedecken. Eine zweite Schicht Rhabarber und darüber eine zweite Schicht Zabaione aufbringen. Mit einem Löffel leicht verrühren, damit ein Marmor-Effekt entsteht, und das Ganze sofort servieren oder kalt stellen.

APFEL-BEEREN-PFLAUMEN-PUDDING MIT ROSENSAHNE

Eine Version des klassisch englischen »Summer Pudding«, die geschichtet und nicht in einer Schüssel angerichtet wird – hier mit einer reichhaltigen fruchtigen Sauce und süßem Brioche verfeinert.

FÜR 6 PERSONEN

3 Äpfel, geschält, Kerngehäuse entfernt und kleingeschnitten
6 Pflaumen, halbiert, entsteint und kleingeschnitten
250 ml frisch gepresster Orangensaft
90 g feiner Zucker
1 TL Zimt
½ TL frisch geriebener Muskat
½ TL gemahlener Ingwer
300 g Brombeeren
400 g Brioche, in Scheiben geschnitten, ohne Rinde (optional)

ROSENSAHNE

200 g Schlagsahne
2 EL Puderzucker
1 TL Rosenwasser

1 Äpfel, Pflaumen, Orangensaft, Zucker, Zimt, Muskat und Ingwer in einer Kasserolle zum Kochen bringen. Auf geringe Hitze reduzieren und teilweise zugedeckt 8 Minuten köcheln lassen. Brombeeren zugeben und weitere 4–8 Minuten garen, bis die Früchte weich sind. Den Kochsaft in einen Krug abseihen.

2 Den Boden einer Backform (25 x 20 cm) mit der Hälfte der Briochescheiben auslegen. Die gekochten Früchte darauf verteilen und mit etwas Saft übergießen, sodass die Briochescheiben rot und durchtränkt sind.

3 Eine zweite Schicht Brioche auf die Früchte legen und mit Saft übergießen, sodass das Brot getränkt, aber nicht matschig ist und noch etwas Saft übrigbleibt. Mit einem Blatt Pergamentpapier belegen, mit einem Teller beschweren und mindestens 3 Stunden oder über Nacht kühl stellen. Den übrigen Kochsaft ebenso einkühlen.

4 Für die Rosensahne die Sahne in einer Schüssel steif schlagen. Puderzucker nach und nach einrühren und das Rosenwasser unterheben. Zugedeckt kühl stellen.

5 Den Pudding in 6 Portionen teilen, mit je einem Löffel Rosensahne anrichten und mit ein wenig Kochsaft beträufelt servieren.

HAUSGEMACHTE CRÈME FRAÎCHE MIT KIRSCHEN

Crème fraîche selbst zu machen ist einfach und macht Spaß, braucht aber etwas Zeit. Die gehaltvolle Crème ist sahnig und leicht säuerlich und hält sich etwa zwei Wochen im Kühlschrank.

FÜR 4 PERSONEN
250 g Sahne
1 gehäufter EL Buttermilch

EINGEMACHTE KIRSCHEN
680 g Kirschen
70 g feiner Zucker
2 EL Kirschwasser oder Brandy
2 TL Speisestärke

1 Sahne in einer Kasserolle bei geringer Hitze sanft auf 40 °C erwärmen. Vom Herd nehmen und in ein sauberes Glasgefäß gießen. Buttermilch gut unterheben, mit Frischhaltefolie oder Pergamentpapier bedecken und mit Gummiband fixieren.

2 Gefäß an einem warmen, zugfreien Ort zwischen 12 und 24 Stunden eindicken lassen. Dann gut verrühren und mit einem Deckel zugedeckt kühl stellen. Die Crème fraîche ist nun verzehrfertig, dickt aber weiter ein. Sie schmeckt leicht säuerlich-nussig, ist im Kühlschrank zugedeckt bis zu 2 Wochen haltbar und wird am besten kühl serviert.

3 Für das Eingemachte Kirschen mit Zucker und 2 EL Wasser in einer Kasserolle 2 Minuten köcheln lassen, dabei rühren, bis sich der Zucker auflöst. Kirschwasser mit Speisestärke verrühren und nach und nach unterheben. 2–3 Minuten eindicken lassen, dann die Kirschen mit gekühlter Crème fraîche servieren.

BIRNEN MIT JASMINTEE UND INGWER

Für dieses Rezept werden die Birnen in aromatischem Jasmintee pochiert und mit würzigem Ingwer und Sternanis verfeinert. Am besten eignen sich noch nicht ganz reife Birnen, da sie beim Kochen fest bleiben.

FÜR 4 PERSONEN
4 noch nicht ganz reife Birnen
1 EL Zitronensaft
3 Beutel Jasmintee
8 Scheiben Ingwerwurzel
1 Zimtstange
4 EL feiner Zucker
3 Stück Sternanis

1 Die Birnen schälen und halbieren, mit einem Löffel oder Kugelausstecher entkernen und mit Zitronensaft bestreichen, damit sie sich nicht verfärben.

2 In einer Sautierpfanne 875 ml Wasser zum Kochen bringen. Auf mittlere Hitze reduzieren, Teebeutel zugeben und 5 Minuten köcheln lassen, dann die Beutel entfernen.

3 Birnen, Ingwer, Zimt, Zucker und Sternanis in das Teewasser geben und teilweise zugedeckt in 15–20 Minuten weich köcheln lassen. Mit einem Schaumlöffel die Birnen herausnehmen, auf starke Hitze erhöhen und die Flüssigkeit 2–3 Minuten weitergaren, bis sie eindickt. Die Gewürze entfernen und pro Person 2 Birnenhälften mit Sirup übergossen servieren.

SCHOKOMOUSSE MIT GEWÜRZEN UND NUSSKROKANT

FÜR 4 PERSONEN

100 g Zartbitter-Schokolade (etwa 70 % Kakaoanteil), in gleich große Stücke gebrochen
2 Eier (Größe L), getrennt
150 g Sahne
4 EL feiner Zucker
1 TL gemahlener Piment
½ TL Zimt

NUSSKROKANT

150 g Kristallzucker
80 g geröstete gesalzene Erdnüsse, grob gehackt
40 g Butter

1 Für den Nusskrokant ein Backblech mit Backpapier auslegen. Kristallzucker in einer Kasserolle bei geringer Hitze unter Rühren zerlassen, bis er bräunt. Erdnüsse und Butter unterrühren; wenn die Butter geschmolzen ist, die Mischung auf das Backblech gießen. Abkühlen und fest werden lassen, dann in Stücke brechen.

2 Schokolade in einer hitzebeständigen Schüssel über einem Topf mit leicht köchelndem Wasser schmelzen, ohne dass die Schüssel das Wasser berührt. 4–5 Minuten unter Rühren zerlassen, dann beiseite stellen und leicht abkühlen lassen.

3 Eigelbe und einen großen Löffel Sahne mit der zerlassenen Schokolade verquirlen. In einer weiteren großen Schüssel Eiweiß zu Schnee schlagen und mit Zucker, Piment und Zimt verrühren, bis der Eischnee glänzend ist.

4 Sahne steif schlagen. Schokolademischung unter die Sahne heben, dann Eiweißmischung zugeben. In 4 kleine Schüsseln oder Teetassen füllen und mindestens 1 Stunde fest werden lassen. Das Schokomousse mit je einem Stück Nusskrokant servieren.

ZITRONEN-CREME MIT SESAM-FILO-CHIPS

FÜR 4 PERSONEN

420 g Sahne
140 g feiner Zucker
70 ml Zitronensaft
fein abgeriebene Schale von 1 kleinen unbehandelten Zitrone

SESAM-FILO-CHIPS

1 Blatt Filoteig (ca. 50 x 24 cm)
30 g Butter, zerlassen
2 EL Ahornsirup
1 EL Sesamsamen

1 Für die Filoteig-Chips den Backofen auf 200 °C vorheizen und ein Backblech mit Backpapier auslegen. Filoblatt auf der Arbeitsfläche ausbreiten, der Länge nach halbieren und jede Hälfte in 4 Teile schneiden. Jedes Stück mit zerlassener Butter bestreichen und zweimal einrollen, sodass eine Stange von etwa 1,5 cm Länge entsteht. Mit Ahornsirup bestreichen und mit Sesam bestreuen. Die Chips in 10 Minuten im Backrohr knusprig goldbraun backen, herausnehmen und abkühlen lassen.

2 Sahne und Zucker in einer Kasserolle zum Kochen bringen und rühren, bis sich der Zucker aufgelöst hat. Auf geringe Hitze reduzieren und weitere 5 Minuten köcheln lassen, dabei gelegentlich rühren. Die Creme ist fertig, wenn auf einem eingetauchten Löffel ein dünner Film zurückbleibt.

3 Vom Herd nehmen, Zitronensaft und -schale einrühren und die Masse auf 4 Espressotassen oder kleine Gläser verteilen. Die Creme kann warm oder gekühlt serviert werden (in diesem Fall 1 Stunde zum Festwerden kühl stellen). Jede Portion mit 2 Sesam-Filo-Chips garnieren und die Creme servieren.

SCHOKO-GEWÜRZKUCHEN MIT SAUERKIRSCHEN

FÜR 8 PERSONEN

60 g geschälte Mandeln

300 g Zartbitterschokolade (etwa 70 % Kakaoanteil), in kleine Stücke gebrochen

35 g eingelegter Ingwer, abgegossen und grob gehackt

55 g getrocknete Sauerkirschen

165 g weiße Schokolade, in gleich große Stücke gebrochen

1. Eine quadratische Back- oder Auflaufform (etwa 15 cm) mit Frischhaltefolie auslegen. Mandeln in einer Pfanne ohne Öl bei mittlerer Hitze in 3–4 Minuten hellbraun rösten, dabei gelegentlich rühren. Beiseite stellen.
2. Die dunkle Schokolade in einer hitzebeständigen Schüssel über einem Topf mit köchelndem Wasser zerlassen. Die Schüssel soll dabei das Wasser nicht berühren. 4–5 Minuten unter Rühren erhitzen, bis die Schokolade geschmolzen ist, vom Herd nehmen und Ingwer, Kirschen und Mandeln unterrühren. Die Mischung in die Backform füllen und zu einer gleichmäßigen Schicht verstreichen.
3. Weiße Schokolade ebenso zerlassen. Mit einem Löffel Kleckse auf die dunkle Schokoladeschicht setzen und mit einem Spieß oder einer Gabel ein Marmormuster machen.
4. Zum Festwerden mindestens 1 Stunde kühl stellen, dann in große Stücke brechen und den Gewürzkuchen bis zum Servieren luftdicht verschlossen im Kühlschrank aufbewahren.

ESPRESSO-PUDDING MIT KAFFEESAUCE

FÜR 6 PERSONEN

250 g Sahne

250 ml Milch

1 TL Vanilleextrakt

2 EL aufgebrühter Espresso

3 Eier

70 g feiner Zucker

KARAMELLISIERTE KAFFEESAUCE

200 g feiner Zucker

100 ml aufgebrühter Espresso

30 g Butter

1. Backofen auf 160 °C vorheizen. Für die Kaffeesauce Zucker in einer stabilen Kasserolle bei mittlerer Hitze etwa 5 Minuten unter Rühren erwärmen, bis der Zucker schmilzt und sich goldbraun verfärbt. Vom Herd nehmen und Espresso unterrühren – am besten mit Topfhandschuhen anfassen, falls die Mischung aufschäumt und spritzt. Auf geringe Hitze reduzieren und zu einer glatten Masse verrühren, dann die Butter unterheben. Vom Herd nehmen und beiseite stellen.
2. Sahne, Milch, Vanilleextrakt und Kaffee in einer Kasserolle bei geringer Hitze erwärmen, sodass sie gerade nicht kocht. Vom Herd nehmen, kurz abkühlen lassen.
3. Inzwischen Eier und Zucker verquirlen und die Sahnemischung unterheben. Die Masse auf 6 Puddingförmchen oder ofenfeste Gläser verteilen und in eine Backform stellen. Die Form halbhoch mit Wasser füllen und den Pudding 25 Minuten im Ofen garen, bis die Masse fest ist, aber bei Berührung noch wackelt. Vorsichtig herausnehmen, etwa 15 Minuten auf Zimmertemperatur abkühlen lassen und kühl stellen.
4. Die Puddinge jeweils mit etwas karamellisierter Kaffeesauce übergießen und servieren.

Gebackenes zeigt uns am eindrücklichsten, wann ein Gericht gar ist: Es beginnt wunderbar zu duften. Und so glänzen diese Rezepte, von bunten Gemüsetartes über knusprige Pasteten und saftige Kuchen bis hin zu geröstetem Obst und Gemüse auch mit einer ganzen Vielfalt an Geschmackserlebnissen.

BACKEN

Balsamico-Birnen aus dem Ofen, Seite 222

PANZANELLA AUF INDISCHE ART

Hier trifft rustikaler italienischer Brotsalat auf indische Aromen: Panir ist ein halbharter, milder indischer Käse, der mittlerweile in Asialäden oder auch im Supermarkt relativ leicht im Stück erhältlich ist.

FÜR 4 PERSONEN

6 EL Balti oder andere Currypaste
2 EL Sonnenblumenöl, plus Öl zum Einfetten und Frittieren
300 g Panir-Käse, in 12 Scheiben geschnitten
150 g gekochte Kichererbsen
2 kleine Naan-Brote, quer halbiert
250 g Kirschtomaten, halbiert
1 kleine Gemüsegurken, längs halbiert, Samen entfernt und in Stifte geschnitten
1 kleine rote Zwiebel, in dünne Ringe geschnitten
1 kleine Fenchelknolle, in dünne Scheiben geschnitten
Saft von 1 Limette
4 rohe Papadam-Fladen
125 g Naturjoghurt
1 Knoblauchzehe, zerdrückt
1 TL Kreuzkümmelsamen
Salz und Pfeffer aus der Mühle
Minzeblätter zum Anrichten

1 Currypaste mit Sonnenblumenöl in einer flachen Schüssel verrühren, Panir-Käse zugeben und in der Mischung wenden, dann 1 Stunde darin marinieren lassen.

2 Den Backofen auf 180 °C vorheizen und ein großes Backblech mit etwas Öl bestreichen. Mit einem Schaumlöffel die Käsescheiben aus der Marinade nehmen und auf dem Backblech verteilen. Kichererbsen in die Marinade tauchen und ebenfalls auf dem Backblech verteilen. Beides insgesamt 20–25 Minuten braten, dabei gelegentlich wenden, bis der Käse bräunt und die Kichererbsen leicht knusprig sind.

3 Inzwischen das Naan auf einem Backblech in 5–8 Minuten knusprig backen. Abkühlen lassen, dann in mundgerechte Stücke brechen.

4 Tomaten, Gurken, Zwiebel und Fenchel in einer Schüssel mit der Hälfte des Limettensafts gut verrühren und mit Salz und Pfeffer abschmecken.

5 Eine breite Kasserolle etwa 5 cm hoch mit Öl füllen und das Öl auf 190 °C erhitzen. (Brotprobe: ein Würfel Brot bräunt bei dieser Temperatur in 20 Sekunden.) Papadams darin einzeln 2–3 Sekunden frittieren und mit einem Pfannenwender unter der Öloberfläche halten, bis sie knusprig werden und Blasen werfen. Auf Küchenpapier abtropfen lassen.

6 Joghurt mit Knoblauch und dem übrigen Limettensaft in einer Schüssel verrühren, mit Salz und Pfeffer abschmecken und mit Kreuzkümmel bestreuen.

7 Die Papadams auf 4 Teller verteilen und mit Tomatensalat belegen. Kichererbsen, Naan-Stücke und den gebratenen Käse darauf verteilen und mit einem großen Löffel Joghurtmischung anrichten. Die Panzanella mit Minzeblättern garniert servieren.

LINGUINE IN PAPIER GEBACKEN

Die Papierhülle erhält den herrliche Saft und die Aromen von Kräutern, Wein, Tomaten und Knoblauch, die die Nudeln während des Backens aufnehmen. Sie können im Papier serviert werden.

FÜR 4 PERSONEN

380 g Linguine
2 EL Olivenöl
2 große Knoblauchzehen, fein gehackt
1 lange rote Chilischote, entkernt und fein gehackt
200 ml trockener Weißwein
440 g Kirschtomaten
3 EL kleine Kapern, abgegossen und abgespült
3 EL gehackte Petersilie
Salz und Pfeffer aus der Mühle
Parmesanspäne zum Anrichten

1 Nudeln in viel kochendem Salzwasser in etwa 10 Minuten bissfest garen, abgießen und 2 EL Kochwasser aufbewahren.

2 Inzwischen Olivenöl in einer Bratpfanne erhitzen und Knoblauch und Chili darin 1 Minute anbraten, dabei gelegentlich rühren. Mit Wein aufgießen und zum Kochen bringen, dann die Hitze etwas reduzieren und weitere 3–5 Minuten garen, bis der Wein auf zwei Drittel reduziert und der Alkohol verdampft ist.

3 Den Backofen auf 180 °C vorheizen. Tomaten und Kapern in die Pfanne zugeben und unter gelegentlichem Rühren 3 Minuten garen. Pasta zusammen mit dem aufbewahrten Kochwasser und Petersilie zugeben, vom Herd nehmen und rühren, bis die Nudeln gleichmäßig mit Sauce bedeckt sind.

4 4 Schüsseln großzügig mit Backpapier auslegen und die Nudeln darauf verteilen. Die Papierstücke mit Küchengarn zu einem Bündel zusammenfassen, die Bündel auf ein Backblech stellen und etwa 15 Minuten backen. Zum Servieren die Bündel zurück in die Schüsseln legen und vorsichtig öffnen. Nudeln mit Parmesan bestreuen, mit Pfeffer würzen und sofort servieren.

GEBACKENE ZITRONENRINGE MIT MOZZARELLA

FÜR 4 PERSONEN
3 große Zitronen
12 große Basilikumblätter
3 Mozzarellakugeln à 125 g, abgetropft, trockengetupft und in 12 Scheiben geschnitten
12 eingelegte getrocknete Tomaten, abgegossen
Salz und Pfeffer aus der Mühle

1 Von den Zitronen die Enden abschneiden und jede Zitrone in 4 Scheiben von etwa 1 cm Breite schneiden. Mit einem scharfen Messer das Fruchtfleisch ausschneiden und für anderen Gebrauch beiseitelegen, sodass 12 Schalenringe übrigbleiben. Den Backofen auf 180 °C vorheizen und ein großes Backblech mit Backpapier auslegen.

2 Die Basilikumblätter auf dem Backblech verteilen und die Zitronenringe auf die Blätter legen. Jeden Ring mit 1 Scheibe Mozzarella füllen und mit 1 getrockneten Tomate belegen. 8–10 Minuten backen, bis der Mozzarella warm ist und zu schmelzen beginnt. Mit Salz und Pfeffer würzen und die Ringe warm servieren.

SUPPE AUS GEBRATENEM WURZELGEMÜSE

Beim Braten im Ofen behält Gemüse seine natürliche Süße, was dieser herzhaften Suppe ein intensiveres Aroma verleiht. Die Gemüsesorten können beliebig abgeändert werden – je nach Angebot und Saison.

FÜR 4–6 PERSONEN
1 kleiner Winterkürbis (z. B. Butternuss, Kabocha oder Riesenkürbis), geschält, Kerne entfernt und in mundgerechte Stücke geschnitten
2 Pastinaken, in 1 cm breite Scheiben geschnitten
2 Karotten, in 1 cm breite Scheiben geschnitten
2 Zwiebeln, geschält und geviertelt
1 Steckrübe, geschält und in mundgerechte Stücke geschnitten
1 Knoblauchknolle, Ansatz entfernt
3 EL Olivenöl
4 lange Rosmarinzweige
einige Thymianzweige
1,5 l Gemüsebrühe
2 Lorbeerblätter
Salz und Pfeffer aus der Mühle
saure Sahne zum Anrichten

1 Backofen auf 200 °C vorheizen. Kürbis, Pastinaken, Karotten, Steckrübe und Knoblauch in einer großen Schüssel mit Olivenöl beträufeln, mit Salz und Pfeffer würzen und gut verrühren. Das Gemüse in einer gleichmäßigen Schicht auf 2 Backblechen verteilen und Rosmarin und Thymian darauflegen. 25 Minuten backen, dann Knoblauch und Kräuter entfernen, das untere gegen das obere Blech tauschen und das Gemüse 20–25 Minuten garen.

2 Aus den Knoblauchzehen das weiche Innere auslösen und in eine große Kasserolle geben. Gebratenes Gemüse, Brühe und Lorbeer zugeben und alles bei starker Hitze zum Kochen bringen. Auf geringe Hitze reduzieren und 10–15 Minuten köcheln lassen, bis das Gemüse sehr weich ist. Vom Herd nehmen, Lorbeer entfernen und die Suppe dick und cremig pürieren. Bei Bedarf mehr Brühe zugeben.

3 Die Suppe bei Bedarf erneut erwärmen und nach Belieben mit Salz und Pfeffer abschmecken. Auf Schüsseln verteilen und mit einem Klecks saurer Sahne anrichten. Die Suppe sofort servieren.

SÜSSKARTOFFEL-RÄUCHERTOFU-SALAT

FÜR 4 PERSONEN
4 EL schwarze Bohnen-Sauce
2 EL helle Sojasauce
1 TL Sonnenblumenöl, plus Öl für die Form
3 TL Sesamöl
225 g Räuchertofu, in mundgerechte Würfel geschnitten
2 Süßkartoffeln, geschält und in mundgerechte Würfel geschnitten
2 EL Kürbiskerne
4 Blätter Romana-Salat, geschnitten
100 g Rotkohl, fein geschnitten
½ rote Zwiebel, fein gehackt
3 EL Olivenöl
2 EL Zitronensaft
1 Handvoll Brokkolisprossen zum Anrichten
Salz und Pfeffer aus der Mühle

1 Schwarze Bohnen-Sauce mit Sojasauce, Sonnenblumenöl und 1 TL Sesamöl in einer flachen Schüssel verrühren. Tofu darin wenden und 30 Minuten marinieren.

2 Den Backofen auf 190 °C vorheizen und 2 Backbleche mit Sonnenblumenöl bestreichen. Tofu auf einem Backblech in 20–25 Minuten gleichmäßig goldbraun braten, dabei einmal wenden. Süßkartoffeln auf dem anderen Blech im Öl wenden und mit Salz und Pfeffer würzen. Gleichzeitig mit dem Tofu in 20–25 Minuten weich und goldbraun braten und ebenfalls einmal wenden.

3 Inzwischen die Kürbiskerne in einer Pfanne ohne Öl bei mittlerer Hitze in 3–4 Minuten hellbraun rösten, vom Herd nehmen.

4 Salat, Kohl und rote Zwiebel auf 4 große flache Schüsseln verteilen. Olivenöl, Zitronensaft und übriges Sesamöl verrühren, mit Salz und Pfeffer würzen und über dem Salat verteilen. Mit gerösteten Süßkartoffeln und Tofu belegen, mit Kürbiskernen und Brokkolisprossen bestreuen und den Salat sofort servieren.

SOMMERGEMÜSE-TIAN

FÜR 4 PERSONEN
6 EL Olivenöl, plus Öl zum Beträufeln
1 Aubergine, in 5 mm breite Scheiben geschnitten
1 große Zwiebel in dünne Ringe geschnitten
2 Knoblauchzehen, gehackt
2 rote Paprikaschoten, entkernt und in Ringe geschnitten
1 große Handvoll Basilikumblätter
250 g kleine Mozzarellakugeln, abgetropft und in Scheiben geschnitten
2 Zucchini, in Scheiben geschnitten
2 Tomaten, in Scheiben geschnitten
20 g Butter
6 EL Semmelbrösel
1 rote Chilischote, entkernt und gehackt
4 EL geriebener Parmesan
Salz und Pfeffer aus der Mühle

1 In einer großen Bratpfanne 1 EL Olivenöl erhitzen. Die Auberginenscheiben in 2 Durchgängen auf jeder Seite in 4 Minuten weich und goldgelb braten. Mit dem Schaumlöffel aus der Pfanne nehmen und gleichmäßig in einer ofenfesten Form (26 x 20 cm) verteilen. In der Pfanne die Zwiebel unter gelegentlichem Rühren in 8 Minuten glasig anschwitzen, Knoblauch zugeben und weitere 2 Minuten garen.

2 Den Backofen auf 200 °C vorheizen. Die Auberginen mit einer Schicht Paprika, der Hälfte des Basilikum und der Hälfte des Mozzarella belegen. Zwiebel und Knoblauch über dem Käse verteilen, Zucchini in einer Schicht darauflegen. Mit je einer Schicht Basilikum, Mozzarella und Tomaten abschließen. Mit Olivenöl beträufeln, mit Salz und Pfeffer würzen und 35–45 Minuten backen, bis das Gemüse gar ist und der Mozzarella Blasen wirft.

3 Inzwischen Butter in einer Pfanne zerlassen und die Semmelbrösel in 5 Minuten goldbraun braten. Chili zugeben, 1 weitere Minute garen, vom Herd nehmen und Parmesan unterrühren. Den Auflauf mit der Bröselmischung bestreuen und servieren.

FARINATA MIT SCHWARZEN OLIVEN UND SPINAT-TSATSIKI

Italienische Farinata-Pfannkuchen werden aus Kichererbsenmehl hergestellt. Auch in Nordafrika und Südamerika findet man Variationen davon.

FÜR 4 PERSONEN
150 g Kichererbsenmehl
½ TL Salz
1 Ei (Größe L), leicht geschlagen
5 EL Olivenöl
50 g schwarze Oliven ohne Kern, halbiert
1 gehäufter EL gehackter Rosmarin
1 rote Zwiebel, in dünne Ringe geschnitten
1 rote Chilischote, entkernt und in dünne Ringe geschnitten
Salz und Pfeffer aus der Mühle

SPINAT-TSATSIKI
170 g Naturjoghurt
1 kleine Knoblauchzehe, gehackt
250 g Blattspinat, harte Stängel entfernt
1 Spritzer Zitronensaft

1 Kichererbsenmehl mit Salz in einer kleinen Schüssel vermischen und in der Mitte eine Vertiefung machen. Ei, 2 EL Olivenöl und 400 ml lauwarmes Wasser hineingießen und mit einem Holzlöffel von außen nach innen vermischen. Zu einer glatten, dickflüssigen Masse verrühren und zugedeckt 1 Stunde ruhen lassen.

2 Inzwischen für das Spinat-Tsatsiki Joghurt, Knoblauch und 4 EL Wasser verrühren. Spinat 2 Minuten dämpfen, bis er zusammenfällt, abgießen und mit der Rückseite eines Holzlöffels überschüssige Flüssigkeit ausdrücken. Die Blätter lösen, unter die Joghurtmischung rühren, mit etwas Zitronensaft beträufeln und mit Salz und Pfeffer abschmecken. Bis zum Gebrauch kühl stellen.

3 Den Backofen auf 220 °C vorheizen. Das übrige Öl auf einem Backblech (33 x 23 cm) verteilen und im Ofen 2–3 Minuten erhitzen, dann vorsichtig herausnehmen. Während sich das Öl erwärmt, von der Farinata-Masse falls nötig den Schaum abschöpfen und gut umrühren.

4 Die Masse vorsichtig auf dem Backblech verteilen und mit Oliven, Rosmarin, Zwiebel und Chili bestreuen. Im Backofen in 15–20 Minuten fest und goldbraun backen. In Quadrate schneiden und die Pfannenkuchen zusammen mit dem Tsatsiki warm servieren.

GEBACKENE EIER IM FILOTEIGMANTEL MIT EINGELEGTEN TOMATEN UND KNOBLAUCHPILZEN

Mit Filoteig lassen sich rasch und einfach kleine Teigschüsselchen herstellen. Er sollte beim Verarbeiten nicht austrocknen und wird deshalb am besten bis zum Gebrauch in ein feuchtes Küchentuch gewickelt.

FÜR 4 PERSONEN
70 g zerlassene Butter
4 große Blätter Filoteig
8 Eier

EINGELEGTE TOMATEN
2 TL Olivenöl
1 Zwiebel, fein gehackt
5 Tomaten, Kerne entfernt, gehackt
1 TL Dijon-Senf
4 EL Weißweinessig
2 EL Farinzucker (brauner Zucker)
Salz und Pfeffer aus der Mühle

KNOBLAUCHPILZE
2 EL Olivenöl
zerlassene Butter
250 g braune Champignons
3 Knoblauchzehen, fein gehackt
1 EL Petersilie, gehackt

1 Zunächst für die eingelegten Tomaten Olivenöl bei mittlerer Hitze in einer Pfanne erwärmen und die Zwiebel darin in 8 Minuten glasig anschwitzen, dabei gelegentlich rühren. Tomaten, Senf, Essig und braunen Zucker zugeben und mit Salz und Pfeffer würzen. Alles zum Kochen bringen, dann auf geringe Hitze reduzieren und teilweise zugedeckt 10–15 Minuten köcheln lassen, bis die Masse eindickt. In eine Servierschüssel füllen.

2 Backofen auf 200 °C vorheizen. 8 Vertiefungen einer Muffinform mit zerlassener Butter ausstreichen. Die Filoblätter aufeinanderlegen und der Breite nach halbieren, dann jede Hälfte in 4 Quadrate teilen. Ein Quadrat Schicht für Schicht mit etwas Butter bestreichen, dann eine Vertiefung der Muffinform mit einem Quadrat auslegen. Mit den übrigen Filo-Quadraten wiederholen, sodass insgesamt 8 Filoteigkörbchen entstehen. Die überhängenden Teigteile mit Butter bestreichen. In jedes Körbchen 1 Ei schlagen, mit Salz und Pfeffer würzen und die Körbchen 12–15 Minuten backen, bis der Teig goldbraun ist und die Eier stocken.

3 Während die Eier backen, für die Knoblauchpilze Olivenöl und Butter in einer Pfanne erwärmen und die Pilze darin 5 Minuten garen. Knoblauch zugeben, mit Salz und Pfeffer würzen und weitere 2 Minuten garen, dann mit Petersilie bestreuen. Die gebackenen Eier mit der Pilzmischung belegen und zusammen mit den eingelegten Tomaten servieren.

BLUMENKOHL-KÄSE-SOUFFLÉS MIT OFENTOMATEN

Käse und Blumenkohl sind ein bewährtes Paar, hier kombiniert zu herzhaften Soufflés. Die Tomaten erhalten beim Rösten im Ofen ihren intensiven Geschmack, die Mischung aus braunem Zucker, Balsamico und Harissa macht sie würzig und lässt sie leicht karamellisieren.

FÜR 4 PERSONEN

1 kleiner Kopf Blumenkohl, in kleine Röschen zerteilt
100 ml Milch
4 Eier
4 EL Crème fraîche
125 g geriebener würziger Käse (am besten reifer Cheddar)
Salz und Pfeffer aus der Mühle
8 dicke Scheiben geröstetes Krustenbrot zum Anrichten

OFENTOMATEN

2 EL Olivenöl, plus Öl für das Blech
2 EL Balsamicoessig
½–1 TL Harissa zum Abschmecken
12 Tomaten, halbiert
1 TL Vollrohrzucker
1 gehäufter TL Koriandersamen, gemahlen

1 Für die Ofentomaten den Backofen auf 180 °C vorheizen. Ein Backblech mit Alufolie auslegen und diese leicht einfetten. Olivenöl, Balsamico und Harissa in einer flachen Schüssel verrühren und die Tomaten darin wenden, dann die Tomaten mit der Schnittfläche nach oben auf dem Backblech verteilen. Mit Zucker und Koriander bestreuen und 50–55 Minuten backen, bis sie weich sind und leicht karamellisieren.

2 Inzwischen den Blumenkohl in 5 Minuten weich dämpfen, in einer Küchenmaschine mit der Milch verrühren und glatt pürieren. In einer Rührschüssel Eier mit Crème fraîche verquirlen, dann Käse und pürierten Blumenkohl unterheben. Mit Salz und Pfeffer abschmecken und die Mischung in 4 Soufflèförmchen (ca. 185 ml Inhalt) verteilen. Die Förmchen auf ein Backblech stellen.

3 Wenn die Tomaten 30 Minuten im Ofen sind, die Soufflés dazu in den Ofen schieben und 20–25 Minuten backen, bis sie fest werden und aufgehen.

4 Die Soufflés zusammen mit Ofentomaten und geröstetem Brot servieren.

MARINIERTES TEMPEH MIT CHINESISCHEN PFANNKUCHEN

Tempeh wird aus fermentierten Sojabohnen hergestellt und hat einen nussigen, pilzähnlichen Geschmack. Wie Tofu wird es durch Marinieren geschmackvoller und nimmt die Aromen intensiverer Zutaten auf.

FÜR 4 PERSONEN

350 g Tempeh
5 EL Hoisin-Sauce
3 EL helle Sojasauce
1 TL Sonnenblumenöl
3 EL flüssiger Honig
1 TL chinesisches Fünf-Gewürze-Pulver
8 chinesische Pfannkuchen
1 kleine Salatgurke, entkernt und in Streifen geschnitten
3 Frühlingszwiebeln, längs in dünne Streifen geschnitten
1 rote Chilischote, entkernt und in dünne Ringe geschnitten
8 große Basilikumblätter

1 Tempeh 5 Minuten weich dämpfen, sodass er die leicht bittere Note verliert.

2 In einer flachen Schüssel Hoisin-Sauce, Sojasauce, Sonnenblumenöl, Honig und Fünf-Gewürze-Pulver verrühren. Tempeh darin wenden und 1 Stunde marinieren. Den Backofen auf 200 °C vorheizen.

3 Tempeh lose in Alufolie wickeln und auf ein Grillgitter legen. Übrige Marinade für späteren Gebrauch beiseite stellen. 15 Minuten im Ofen garen, dann herausnehmen. Den Grill auf mittlere Stufe vorheizen.

4 Tempeh vorsichtig auswickeln, den Saft aus der Folie abgießen und beiseite stellen. Tempeh erneut auf das Grillgitter legen, mit etwas Marinade beträufeln und in 5 Minuten goldbraun und glänzend grillen. Nach der halben Grillzeit wenden und erneut mit Marinade beträufeln. Anschließend in lange Scheiben schneiden. Wenn Marinade übrig ist, mit dem abgegossenen Kochsaft verrühren.

5 Inzwischen die Pfannkuchen in Alufolie wickeln und 3–4 Minuten im noch warmen Ofen erwärmen. Die Pfannkuchen auf Teller verteilen und den Tempeh darauf verteilen. Mit einem Löffel Marinade beträufeln, mit Gurke, Frühlingszwiebeln, Chili und Basilikum belegen und zum Anrichten einrollen oder zusammenlegen. Sofort servieren.

PILZ-CASHEW-PIES MIT CHUTNEY AUS ROTEN ZWIEBELN

Kleine Pies statt einer großen sind hübsch vielseitig: Serviert mit Zwiebel-Jus (siehe Seite 179) werden sie zum leckeren Sonntagsessen, ihre praktische Größe macht sie aber auch zum handlichen Picknick-Snack.

FÜR 4 PERSONEN

20 g getrocknete Steinpilze
2 EL Olivenöl
2 Zwiebeln, fein gehackt
3 Knoblauchzehen, fein gehackt
250 g braune Champignons, grob gehackt
2 TL getrockneter Thymian
3 EL Sherry
1 EL dunkle Sojasauce
125 g Cashewkerne, zerbröckelt
80 g Semmelbrösel, am besten frisch gerieben
50 g gemahlene Mandeln
Ei zum Bestreichen
Salz und Pfeffer aus der Mühle
Chutney aus roten Zwiebeln (siehe Seite 178) zum Anrichten

TEIG

225 g Mehl (Type 550), plus Mehl für die Arbeitsfläche
½ TL Salz
60 g kalte Butter, gewürfelt, plus Butter für die Form
1 Eigelb

1 Für den Teig Mehl und Salz in eine Schüssel sieben, Butter zugeben und mit den Fingern zu einem krümeligen Teig verreiben. Eigelb und bei Bedarf etwas kaltes Wasser zugeben und gut verkneten. Den Teig zu einer Kugel formen, in Frischhaltefolie wickeln und 30 Minuten kühl stellen.

2 Inzwischen Steinpilze in einer kleinen Schüssel mit kochendem Wasser übergießen und 20 Minuten einweichen lassen. Abgießen und dabei 3 EL Einweichflüssigkeit auffangen. Die Pilze grob hacken.

3 Olivenöl bei geringer Hitze erwärmen und die Zwiebeln darin teilweise zugedeckt in 15–20 Minuten goldbraun und sehr weich braten, dabei gelegentlich rühren. Knoblauch, Steinpilze, Champignons sowie Thymian zugeben und offen 5 Minuten unter gelegentlichem Rühren braten. Sherry, Sojasauce und übrige Einweichflüssigkeit zugießen und weitere 2 Minuten köcheln lassen, bis die Flüssigkeit auf die Hälfte reduziert ist.

4 Cashewkerne in einer Küchenmaschine fein mahlen. In einer großen Schüssel mit Semmelbröseln und Mandeln verrühren. Die Pilzmischung in der Küchenmaschine zu einer glatten Paste mixen und zu den Cashews geben. Mit Salz und Pfeffer würzen und zu einer festen, pastetenartigen Masse verrühren.

5 Backofen auf 200 °C vorheizen. 4 Becherförmchen (150 ml) einfetten. Den Teig auf einer leicht bemehlten Unterlage ausrollen und 4 Teigkreise zum Auslegen der Förmchen ausstechen. Den übrigen Teig beiseitelegen. Für die Pies in jedes Förmchen einen Teigkreis pressen, sodass ein Überhang von 2 cm entsteht.

6 Die Teigböden bis knapp unter dem Rand mit Pilzmischung füllen. Übrigen Teig erneut ausrollen und 4 Teigkreise im Durchmesser der Förmchen ausstechen. Die Ränder befeuchten und die Pies mit den Teigdeckeln belegen. An den Rändern gut festdrücken, Teigüberhänge abschneiden.

7 Teigdeckel mit Ei bestreichen, Pies auf ein Backblech stellen und in 35–40 Minuten goldbraun backen. 2–3 Minuten auskühlen lassen, mit dem Messer lösen und vorsichtig herausnehmen. Die Pies zusammen mit dem Chutney sofort servieren.

TARTE MIT ROTER BETE, ROTER ZWIEBEL UND ZIEGENKÄSE

Der Walnussteig ergänzt hier die erdige Rote Bete und die leichte Süße von roter Zwiebel und Ziegenkäse. Wenn die Zeit reicht, wird die Rote Bete am besten gekocht oder gebraten. Für Eilige eignet sich Rote Bete im eigenen Saft besser als in Essig eingelegtes Gemüse.

FÜR 4–6 PERSONEN

1 EL Olivenöl
25 g Butter, plus Butter für die Form
700 g rote Zwiebeln, in dünne Ringe geschnitten
5 Thymianzweige, plus Zweige zum Anrichten
3 EL Balsamicoessig
400 g junge Rote Bete, gekocht und halbiert
1 EL flüssiger Honig
1 Kugel Ziegenkäse (175 g), zerkrümelt
Salz und Pfeffer aus der Mühle

WALNUSSTEIG

40 g Walnüsse
185 g Mehl (Type 550), gesiebt, plus Mehl für die Arbeitsfläche
85 g kalte Butter, gewürfelt
1 Ei, Eigelb und Eiweiß getrennt

1 Für den Teig Walnüsse in einer Pfanne ohne Öl bei mittlerer Hitze in 4–5 Minuten goldbraun rösten, dabei gelegentlich wenden. Fein hacken. Mehl mit einer großen Prise Salz und Butter in einer Küchenmaschine zu einem krümeligen Teig mixen. Walnüsse, Eigelb und 2–3 EL kaltes Wasser zugeben und alles zu einem glatten Teig verrühren. Zu einer Kugel formen, in Frischhaltefolie wickeln und 30 Minuten kühl stellen.

2 Inzwischen Öl und Butter in einer großen Sautierpfanne erhitzen und die Zwiebeln darin bei geringer Hitze etwa 20 Minuten zugedeckt anschwitzen, ohne dass sie bräunen, dabei gelegentlich rühren. Thymian und Balsamico zugeben und weitere 5 Minuten garen, bis der Essig aufgesogen ist. Rote Bete und Honig unterheben und alles im Honig wenden, bis es glänzt, mit Salz und Pfeffer würzen.

3 Backofen auf 180 °C vorheizen. Eine Tarteform mit abnehmbarem Boden (24 cm Durchmesser) mit Butter ausstreichen. Den Teig auf einer leicht bemehlten Arbeitsfläche auf Formgröße ausrollen und die Form damit auslegen. Den Teig einige Male mit der Gabel einstechen, mit Backpapier belegen und mit Hülsenfrüchten beschweren. 20 Minuten backen, bis der Teig fast gar ist, dann Hülsenfrüchte und Backpapier entfernen und weitere 15 Minuten backen.

4 Teigboden mit leicht geschlagenem Eiweiß bestreichen und mit der Rote-Bete-Mischung belegen. Ziegenkäse darauf verteilen und die Tarte weitere 15 Minuten backen, bis der Käse stellenweise bräunt. Die Tarte mit einigen Thymianzweigen garniert servieren.

GEBACKENER TOMATENRISOTTO MIT WINTERPESTO UND KÄSE-NUSS-CRACKERN

Dieser Risotto schlägt aus der Art: Er wird nur einmal kurz umgerührt und im Ofen gebacken anstatt gekocht. Verfeinert mit einem Klecks aromatischem Winterpesto und begleitet von locker-leichten Käsecrackern ergibt er eine ausgewogene Wohlfühlmahlzeit.

FÜR 4 PERSONEN

40 g Walnusshälften
4 gehäufte EL geriebener Parmesan, plus Parmesanspäne zum Anrichten
2 EL Olivenöl
30 g Butter
2 Zwiebeln, fein gehackt
3 Knoblauchzehen, fein gehackt
300 g Risottoreis
185 ml trockener Rotwein
500 ml heiße Gemüsebrühe
500 ml passierte Tomaten
1 gehäufter TL Tomatenmark
Salz und Pfeffer aus der Mühle

WINTERPESTO

15 g gemischte Kräuter (z. B. Salbei, Rosmarin und Thymian)
1 Knoblauchzehe
6 EL Olivenöl
4 gehäufte EL geriebener Parmesan

1 Backofen auf 180 °C vorheizen. Walnüsse auf einem Backblech verteilen und 3–4 Minuten im Ofen rösten. Herausnehmen, kurz abkühlen lassen, dann die Hälfte der Nüsse fein hacken und den Rest beiseite stellen.

2 Für die Käsecracker ein Blech mit Backpapier auslegen. Je 1 TL Parmesan und ein Viertel der gehackten Nüsse in einem Häufchen auf das Backblech streuen und zu einem Kreis von etwa 4 cm formen. Die Cracker sollen einen Abstand von etwa 5 cm haben, da sie beim Backen etwas auseinandergehen. In 10 Minuten knusprig goldbraun backen, einige Minuten abkühlen lassen und dann mit einem Spatelmesser vom Blech lösen.

3 Olivenöl und die Hälfte der Butter in einer großen ofenfesten Kasserolle erwärmen. Zwiebeln darin teilweise zugedeckt in 10 Minuten glasig anschwitzen, dabei gelegentlich rühren. Knoblauch und Reis zugeben und unter Rühren weitere 3 Minuten garen, bis der Reis gleichmäßig mit Öl bedeckt ist und glänzt. Wein zugießen und unter Rühren weitergaren, bis er aufgesogen ist. Dann Gemüsebrühe, passierte Tomaten und Tomatenmark zugeben und mit Salz und Pfeffer abschmecken. Alles gut verrühren.

4 Risotto mit einem passenden, ofenfesten Deckel zugedeckt etwa 40 Minuten im Ofen garen und nach der halben Garzeit einmal umrühren. Aus dem Ofen nehmen, übrige Butter einrühren und 5 Minuten zugedeckt stehen lassen.

5 Inzwischen für das Pesto übrige Walnüsse mit Kräutern und Knoblauch in einer Küchenmaschine grob hacken, dann mit Olivenöl zu einer groben Paste verrühren. In eine Schüssel füllen, Parmesan unterheben und mit Salz und Pfeffer abschmecken.

6 Risotto umrühren und auf 4 große, tiefe Teller verteilen. Mit einem großzügigen Löffel Pesto und Parmesanspänen garnieren und den Risotto zusammen mit den Käsecrackern servieren.

RICOTTA-KRÄUTER-FLAN MIT OFENTOMATEN-PESTO

Mit hochwertigem Ricotta wird dieser Kuchen zu einem sommerlich leichten Gericht. Das Ofentomaten-Pesto mit seinem intensiven Geschmack und der tiefroten Farbe ist die ideale Beilage. Dazu schmecken am besten junge Kartoffeln und frischer Brunnenkresse-Salat.

FÜR 6 PERSONEN

750 g Ricotta
85 g fein geriebener Parmesan
3 Eier (Größe L), getrennt
4 EL Basilikumblätter, gezupft, plus ganze Blätter zum Garnieren
4 EL Oreganoblätter, plus Blätter zum Garnieren
1 TL Salz, plus Salz zum Abschmecken
schwarzer Pfeffer aus der Mühle

OFENTOMATEN-PESTO

4 EL Pinienkerne
400 g Kirschtomaten
80 ml Olivenöl, plus Öl für die Form
55 g eingelegte getrocknete Tomaten, grob gehackt
1 Knoblauchzehe

1 Den Backofen auf 180 °C vorheizen und eine Tarteform mit abnehmbarem Boden (20 cm Durchmesser) leicht einölen. Ricotta, Parmesan und Eigelb in einer Küchenmaschine cremig und geschmeidig mixen. In eine große Rührschüssel füllen, Oregano unterheben und mit Salz und reichlich Pfeffer abschmecken.

2 In einer weiteren Schüssel Eiweiß steif schlagen. Mit einem Metalllöffel Eischnee unter die Ricottamischung heben, alles in der Tarteform verteilen und mit einem Spatelmesser glattstreichen. Im Backofen auf unterer Schiene etwa 30 Minuten backen.

3 Inzwischen die Tomaten mit 2 EL Öl in eine Bratenform geben, mit Salz und Pfeffer würzen und gut verteilen. Wenn der Kuchen 30 Minuten gebacken hat, die Tomaten auf oberer Schiene dazugeben und beides weitere 30 Minuten im Ofen garen, bis der Kuchenboden fest ist und die Tomaten weich sind. Beides aus dem Ofen nehmen, den Kuchen kurz abkühlen lassen, mit einem Messer vom Formrand lösen und dann aus der Form nehmen.

4 Für das Pesto Pinienkerne in einer Pfanne ohne Öl bei mittlerer Hitze 3–4 Minuten rösten, bis sie bräunen. (Achtung, die Nüsse verbrennen leicht!) Vom Herd nehmen, die Hälfte in der Küchenmaschine mit Ofentomaten, Olivenöl, getrockneten Tomaten und Knoblauch zu einer groben Paste verrühren und mit Salz und Pfeffer abschmecken.

5 Den Kuchen in gleich große Stücke schneiden, mit dem Pesto anrichten und mit Basilikum, Oregano und den übrigen Pinienkernen bestreut servieren.

BLÄTTERTEIG-PIE MIT KASTANIEN, KÄSE UND BIER

Ein herzhaftes Gericht für kalte Wintertage: Der Käse verschmilzt mit der Biersauce, macht sie dick und saftig und ergänzt damit die Kastanien-Gemüse-Füllung perfekt.

FÜR 4 PERSONEN

1 EL Olivenöl
2 Zwiebeln, grob gehackt
1 Selleriestange, in Scheiben geschnitten
250 g große, flache Champignons, halbiert und grob in Scheiben geschnitten
2 Pastinaken, geschält und in mundgerechte Stifte geschnitten
225 g Babykarotten, geputzt (oder 3 große Karotten, in Scheiben geschnitten)
150 g gekochte Esskastanien, grob geschnitten
1 TL getrockneter Thymian
200 ml Bier oder Ale
100 ml Gemüsebrühe
2 TL vegetarische Worcestersauce
2 EL Mehl (Type 550), plus Mehl für die Arbeitsfläche
100 g Blauschimmelkäse, Rinde entfernt und grob gehackt
280 g Blätterteig
1 Ei, leicht geschlagen
Salz und Pfeffer aus der Mühle

1 Backofen auf 200 °C vorheizen. Öl in einer großen Pfanne bei mittlerer Hitze erwärmen und die Zwiebeln darin teilweise zugedeckt in etwa 10 Minuten glasig und leicht goldbraun anschwitzen. Dabei gelegentlich rühren. Sellerie, Champignons, Pastinaken und Karotten zugeben und alles 10 Minuten unter Rühren sautieren. Kastanien und Thymian untermengen.

2 Bier zugießen und alles zum Kochen bringen, dann auf geringe Hitze reduzieren und weitere 3–5 Minuten garen, bis die Masse auf die Hälfte reduziert ist. Gemüsebrühe und Worcestersauce zugeben und wieder zum Köcheln bringen. Mehl mit 1 EL Wasser verrühren und zur Gemüsemischung geben. Unter Rühren weitere 5–10 Minuten garen, bis die Sauce eingedickt ist. Käse unterrühren, bis er sich aufgelöst hat, und mit Salz und Pfeffer würzen.

3 Die Kastanienmischung in eine ofenfeste Auflaufform (26 x 20 cm) füllen. Blätterteig auf einer leicht bemehlten Arbeitsfläche auf die Größe der Form ausrollen, die Ränder der Form mit etwas Wasser befeuchten und die Füllung mit dem Blätterteig bedecken, sodass der Teig leicht über den Rand hängt. Teigüberhänge abschneiden und die Ränder mit einer Gabel festdrücken. Den Teigdeckel mit Ei bestreichen und einige Male mit einer Gabel einstechen. 35–40 Minuten backen, bis der Teig aufgeht und goldbraun ist. Heiß servieren.

TOPINAMBUR-SELLERIE-TÖRTCHEN MIT GORGONZOLA

Diese kleinen Törtchen locken mit einem knusprig-butterigen Boden. Sie werden zu rustikalen Schälchen geformt und harmonieren gut mit dem erdigen Geschmack des Wurzelgemüses. Wenn Sie es raffiniert mögen, wählen Sie kleine Tortenförmchen mit gewelltem Rand.

ERGIBT 6 STÜCK

1 große Topinambur-Wurzel, ungeschält und längs in dünne Scheiben geschnitten, äußere Schicht entfernt
1 EL Olivenöl, plus Öl für die Förmchen
450 g Knollensellerie, geschält und in mundgerechte Stücke geschnitten
50 g Butter
100 ml Milch
2 EL Petersilie, gehackt
70 g Gorgonzola oder Cashel Blue, zerkrümelt
Salz und Pfeffer aus der Mühle
Rosmarinkartoffeln mit Meersalz (siehe Seite 220) zum Anrichten

TEIG

100 g kühle Butter, gewürfelt
125 g Mehl (Type 550), gesiebt, plus Mehl für die Arbeitsfläche
55 g saure Sahne

1 Für den Teig Butter und Mehl in einer Küchenmaschine krümelig rühren. Saure Sahne zugeben und alles zu einem glatten Teig verrühren, dann herausnehmen, zu einer Kugel kneten und in Frischhaltefolie gewickelt 30 Minuten kühl stellen.

2 6 Soufflëförmchen oder ofenfeste Tassen (150 ml) außen einfetten und verkehrt auf ein Backblech stellen. Den Teig auf einer leicht bemehlten Unterlage etwa 5 mm dick ausrollen und 6 Teigkreise von etwa 11 cm Durchmesser ausstechen. Jeden Teigkreis über ein Förmchen oder eine Tasse legen und sanft festdrücken. 30 Minuten kühl stellen.

3 Backofen auf 200 °C vorheizen und die Teigschälchen darin in 30 Minuten knusprig goldbraun backen, dann von den Förmchen lösen. Die Schälchen mit der offenen Seite nach oben auf das Backblech legen und weitere 10 Minuten backen, dann auf einem Kuchengitter abkühlen lassen.

4 Während die Schälchen backen, den Topinambur braten. Dazu die Scheiben kurz in Olivenöl tauchen und auf ein Backblech legen. In 30 Minuten braun und stellenweise knusprig backen, dabei einmal wenden.

5 Inzwischen für die Füllung Sellerie in kochendem Salzwasser 10 Minuten garen, abgießen und zurück in den Topf geben. Butter und Milch zugeben und bei geringer Hitze sanft erwärmen, dann in einem Mixer glatt und cremig pürieren. Mit Salz und Pfeffer abschmecken und Petersilie unterheben.

6 Selleriepüree auf die Schälchen verteilen und mit Gorgonzola belegen. Wenn Topinambur übrig ist, je 1 Scheibe in jedes Schälchen stecken und die Törtchen zusammen mit den Ofenkartoffeln warm servieren.

SÜSSKARTOFFEL-GALETTES MIT ZIEGENKÄSE

Die orange Süßkartoffel erhält im Ofen einen süßlich-karamelligen Geschmack. Die arabischen Gewürze und der knusprige Blätterteigboden dieser Galettes sind dazu die perfekte Ergänzung.

FÜR 4 PERSONEN

700 g Süßkartoffeln
2 EL Olivenöl, plus Öl für das Blech
280 g Blätterteig
Mehl für die Arbeitsfläche
1 Ei, leicht geschlagen
4 EL Crème fraîche
1 rote Chilischote, entkernt und in feine Ringe geschnitten
2 TL Zatar (siehe Seite 156) oder Kreuzkümmelsamen
100 g Ziegenkäse, in Würfel geschnitten
1 kleine Knoblauchzehe, zerdrückt
fein abgeriebene Schale von 1 kleinen unbehandelten Zitrone
2 EL gehackte Petersilie
Salz und Pfeffer aus der Mühle

1 Backofen auf 200 °C vorheizen. Süßkartoffeln im Ofen 40–45 Minuten garen, kurz abkühlen lassen, dann schälen und in 5 mm dicke Scheiben schneiden.

2 Während die Süßkartoffeln im Ofen sind, ein Backblech mit Öl bestreichen. Blätterteig auf einer leicht bemehlten Unterlage ausrollen und daraus 4 Rechtecke zu je 15 x 9 cm schneiden. Die Teigvierecke auf das Backblech legen und mit Ei bestreichen, dann mit einem scharfen Messer um jedes Viereck einen etwa 1 cm breiten Rand ziehen.

3 Auf jedem Teigboden 1 EL Crème fraîche verstreichen, dabei den Rand freilassen. Süßkartoffelscheiben daraufschichten, sodass sie einander überlappen, und mit Chili und Zatar bestreuen. Mit Ziegenkäse belegen und mit Salz und Pfeffer würzen.

4 Die Galettes in 25 Minuten goldbraun backen; wenn sich der Boden vom Backblech lösen lässt, sind sie fertig. Inzwischen Olivenöl mit Knoblauch, Zitronenschale und Petersilie in einer kleinen Schüssel verrühren.

5 Die fertigen Galettes mit Dressing beträufeln und sofort servieren.

OFEN-RATATOUILLE IM TORTILLAKÖRBCHEN

Braten im Ofen aktiviert den natürlichen Zucker im Gemüse, verstärkt und ergänzt ihren Eigengeschmack und sorgt für ein zartes Mundgefühl.

FÜR 4 PERSONEN

1 Aubergine, in Scheiben geschnitten und diese geviertelt
2 Zucchini, in dicke Scheiben geschnitten
1 rote Paprikaschote, entkernt und in 2,5 cm breite Streifen geschnitten
1 gelbe Paprikaschote, entkernt und in 2,5 cm breite Streifen geschnitten
1 große Fenchelknolle, in dicke Scheiben geschnitten
2 Zwiebeln, in je 6 Spalten geschnitten
3 große Knoblauchzehen, in dicke Scheiben geschnitten
8 Tomaten, halbiert
100 ml Olivenöl
3 Rosmarinzweige
4 Oreganozweige
4 Thymianzweige
4 kleine Tortillas
4 Eier, Zimmertemperatur
Basilikum zum Garnieren
Salz und Pfeffer aus der Mühle
Crème fraîche zum Anrichten (optional)

1 Backofen auf 220 °C vorheizen. Aubergine, Zucchini, rote und gelbe Paprika, Fenchel, Zwiebeln, Knoblauch und Tomaten in einer großen Schüssel mit Olivenöl beträufeln und gut vermischen. Das Gemüse auf 2 tiefe Backbleche verteilen, die Kräuter hineinstecken und alles 20 Minuten im Ofen garen. Dann die Kräuter entfernen.

2 Gemüse wenden und die Position der Backbleche wechseln, dann weitere 15 Minuten braten, bis das Gemüse weich und stellenweise karamellisiert ist. Mit Salz und Pfeffer würzen, mit Basilikumblättern belegen und zugedeckt beiseite stellen.

3 Für die Tortillakörbchen die Backofentemperatur auf 180 °C reduzieren und 4 ofenfeste Schüsseln oder Tassen (etwa 300 ml) außen mit Öl bestreichen. Je eine Tortilla über eine Schüssel legen und festdrücken, sodass ein Körbchen entsteht. Die Schüsseln mit der Öffnung nach unten auf Backbleche stellen und in 10 Minuten knusprig goldbraun backen. Kurz abkühlen lassen.

4 Inzwischen eine kleine Kasserolle mit Wasser zum Kochen bringen und vorsichtig die Eier hineinlegen. Aufkochen lassen, dann auf mittlere Hitze reduzieren und 5 Minuten köcheln lassen. Die Eier herausnehmen und unter kaltem Wasser 1 Minute abschrecken, damit sie nicht weitergaren. Kurz abkühlen lassen, dann schälen.

5 Zum Anrichten die Ratatouille auf die Tortillakörbchen verteilen. Die hartgekochten Eier längs halbieren und jede Portion mit zwei Eihälften belegen. Nach Belieben die Ratatouille mit einem Klecks Crème fraîche verzieren und servieren.

KARTOFFEL-SELLERIE-GRATIN MIT STEINPILZEN

FÜR 4 PERSONEN
- 20 g getrocknete Steinpilze
- 30 g Butter
- 1 EL Olivenöl
- 3 Knoblauchzehen, in dünne Scheiben geschnitten
- 300 g Sahne
- 4 EL Milch
- 300 g Knollensellerie, geschält und in 5 mm breite Scheiben geschnitten
- 550 g Kartoffeln, geschält, in 5 mm breite Scheiben geschnitten
- Salz und Pfeffer aus der Mühle

1 Steinpilze in einer kleinen Schüssel mit 100 ml kochendem Wasser übergießen und 20 Minuten einweichen lassen. Einweichflüssigkeit in eine weitere Schüssel abseihen und beiseite stellen. Die weichen Pilze grob hacken.

2 Butter und Olivenöl in einer großen Pfanne erhitzen und den Knoblauch darin unter Rühren 1 Minute anbraten. Pilze zugeben und 1 weitere Minute unter Rühren braten. Einweichflüssigkeit, Sahne und Milch zugießen und mit reichlich Salz und Pfeffer abschmecken. Sellerie- und Kartoffelscheiben zugeben und vorsichtig in der Crememischung wenden. Alles zum Kochen bringen, auf geringe Hitze reduzieren und zugedeckt 20 Minuten köcheln lassen, bis Kartoffeln und Sellerie zart sind, ohne zu zerfallen.

3 Inzwischen Backofen auf 220 °C vorheizen. Die Mischung in eine Backform (26 x 20 cm) füllen und 35 Minuten backen, bis das Gemüse weich ist und das Gratin bräunt. Warm servieren.

BUCHWEIZENNUDELN MIT KÄSE UND KÜMMEL

FÜR 4 PERSONEN
- 2 Kartoffeln, geschält und gewürfelt
- 250 g Buchweizen-Penne
- 250 g Wirsingkohl, geschnitten
- 3 EL Olivenöl, plus Öl für die Form
- 1 große Zwiebel, fein gehackt
- 2 Knoblauchzehen, fein gehackt
- 175 g braune Champignons, in Scheiben geschnitten
- 2 TL Kümmelsamen
- 1 TL Kreuzkümmelsamen
- 200 ml heiße Gemüsebrühe
- 150 g Fontina-Käse, gewürfelt
- 25 g Walnüsse, grob gehackt
- Salz und Pfeffer aus der Mühle

1 Backofen auf 200 °C vorheizen und eine breite, tiefe Auflaufform mit Öl ausstreichen. Die Kartoffeln in kochendem Salzwasser in 8 Minuten bissfest garen, abgießen.

2 Inzwischen die Nudeln in kochendem Salzwasser bissfest oder noch leicht hart garen (2 Minuten kürzer als laut Packungsanleitung kochen). In der letzten Kochminute Wirsing zugeben, alles abgießen und unter kaltem Wasser abspülen, um den Garprozess zu stoppen.

3 Olivenöl in einer großen beschichteten Kasserolle bei mittlerer Hitze erwärmen und die Zwiebel darin in 8 Minuten glasig und goldbraun braten, dabei gelegentlich rühren. Knoblauch, Pilze und Kümmel zugeben und weitere 4 Minuten garen.

4 Kasserolle vom Herd nehmen, dann Kartoffeln, Nudeln, Wirsing und Gemüsebrühe zugeben und gut vermischen. Mit Salz und Pfeffer abschmecken, in die Form füllen und mit Käse und Nüssen bestreuen. 20 Minuten backen, bis der Käse bräunt und Blasen wirft. Sofort servieren.

KÜRBIS-KÄSE-ROULADE

Das Schöne an Rouladen ist, dass sie sehr gut vorbereitet werden können. Die Rolle sieht kunstvoll aus, ist aber recht unkompliziert. Sie schmeckt gut mit Rucola- und Spinatsalat. Der schwer erhältliche Kabocha-Kürbis lässt sich auch durch Butternuss- oder Acorn-Kürbis ersetzen.

FÜR 6 PERSONEN
55 g Butter
55 g Mehl (Type 550)
310 ml Milch
70 g reifer Käse (z. B. Cheddar), gerieben
55 g Parmesan, fein gerieben
4 Eier, Eigelb und Eiweiß getrennt
Salz und Pfeffer aus der Mühle

FÜLLUNG
300 g Japanischer Winterkürbis (Kabocha), geschält, Kerne entfernt, gewürfelt
3 Knoblauchzehen
2 EL Doppelrahm-Frischkäse
1 gehäufter TL Dijon-Senf
1 Handvoll Korianderblätter, gehackt
1 Handvoll Petersilie, gehackt

1 Backofen auf 190 °C vorheizen und ein Backblech (30 x 23 cm) mit Backpapier auslegen. Butter in einer großen beschichteten Kasserolle zerlassen, Mehl zugeben und unter ständigem Rühren 1 Minute anschwitzen, dann nach und nach Milch unterrühren. Alles unter Rühren zum Kochen bringen und köcheln, bis eine dicke, geschmeidige Sauce entsteht. Vom Herd nehmen, Käse und drei Viertel vom Parmesan unterheben und rühren, bis der Käse schmilzt. Mit dem Eigelb verrühren und mit Salz und Pfeffer würzen.

2 In einer großen Schüssel Eiweiß steif schlagen, dann löffelweise vorsichtig unter die Käsesauce heben. Die Masse in einer gleichmäßigen Schicht auf dem Backblech verteilen und 15 Minuten backen, bis sie bräunt und aufgeht.

3 Inzwischen den Kürbis 5 Minuten dämpfen, Knoblauch zugeben und in weiteren 5 Minuten weich dämpfen. Zusammen mit Frischkäse und Senf in einem Mixer pürieren, dann zum Abkühlen beiseite stellen.

4 Den übrigen Parmesan auf einem Stück Backpapier in der Größe des Backblechs verteilen. Die Roulade aus dem Ofen nehmen, auf das Papier mit dem Käse stürzen und vom Teig das Backpapier abziehen. Harte Teigränder abschneiden.

5 Die Kürbismischung auf der Roulade verstreichen, Koriander und Petersilie entlang der Mitte verstreuen und mit Salz und Pfeffer würzen. Mithilfe des Backpapiers so eng wie möglich zu einer Roulade einrollen. Papier entfernen und die Roulade in Scheiben geschnitten servieren.

ROSMARINKARTOFFELN MIT MEERSALZ

Diese knusprig goldbraunen Frühkartoffeln [Bild Seite 212] sind eine köstliche Alternative zu den üblichen Bratkartoffeln. Sie sollten möglichst gleich groß sein, damit sie gleichzeitig gar sind.

FÜR 6 PERSONEN

1 kg Frühkartoffeln, gewaschen, im Ganzen und ungeschält
2 EL Olivenöl
40 g Butter, klein gewürfelt
2 lange Rosmarinzweige
Meersalzflocken oder grobkörniges Meersalz

1 Backofen auf 220 °C vorheizen. Die Kartoffeln in 15 Minuten halbgar kochen, dann abgießen.

2 Olivenöl in eine große Bratenform gießen und im Ofen 3 Minuten erwärmen. Die Kartoffeln mit der Gabel an der Oberseite eindrücken, ohne dass sie zerfallen, und mit etwas Abstand in der Bratenform verteilen.

3 Ein kleines Stück Butter auf jede Kartoffel legen und einige Salzkörner darüberstreuen, dann 20 Minuten im Ofen backen.

4 Von den Rosmarinzweigen die Nadeln abzupfen und in jede Kartoffel 2–3 Nadeln hineindrücken. In 15–20 Minuten knusprig goldbraun braten, dann die Rosmarinkartoffeln sofort servieren.

PASTINAKEN MIT PARMESANKRUSTE

Der fein geriebene Parmesan verleiht den gebratenen Pastinaken eine köstlich goldene Kruste.

FÜR 4 PERSONEN

300 g Pastinaken, geschält und je nach Größe halbiert oder geviertelt
40 g Parmesan, fein gerieben
55 g Mehl (Type 550)
2 EL Olivenöl
20 g Butter
Salz und Pfeffer aus der Mühle

1 Backofen auf 190 °C vorheizen. Die Pastinaken 3 Minuten in kochendem Wasser bissfest garen.

2 Inzwischen Parmesan und Mehl in einer großen Schüssel verrühren und mit Salz und Pfeffer würzen.

3 Pastinaken abgießen und noch heiß portionsweise in der Parmesanmischung wenden, bis sie gleichmäßig bedeckt sind.

4 Die Hälfte des Olivenöls auf einem großen Backblech verteilen und im Ofen 2 Minuten erwärmen. Inzwischen Butter mit dem übrigen Öl in einer kleinen Kasserolle zerlassen. Die Pastinaken in einer gleichmäßigen Schicht auf dem Backblech verteilen und mit der Butter-Öl-Mischung bestreichen. In 40 Minuten goldbraun und gleichmäßig knusprig braten, dabei einmal wenden. Sofort servieren.

GEMÜSE IM PAPIER GEBACKEN

Beim Garen im Backpapierpäckchen trocknet das Gemüse nicht aus. Der Garsaft bleibt erhalten, und es entsteht eine einfache, frische Sauce. Sie können das Gemüse auch mit einem Löffel Pesto und einigen Parmesanspänen anrichten.

FÜR 4 PERSONEN

2 EL Olivenöl
2 EL Verjus oder Weißweinessig
2 rote Zwiebeln, geschält und in je 6 Spalten geschnitten (Ansatz bleibt ganz)
8 große Knoblauchzehen
1 Fenchelknolle, in Spalten geschnitten
2 Zucchini, halbiert und in Stifte geschnitten
2 Handvoll Kirschtomaten
1 kleine Handvoll Basilikum
Salz und Pfeffer aus der Mühle

1 Backofen auf 190 °C vorheizen. In einer großen Schüssel Olivenöl mit Verjus verrühren. Zwiebeln, Knoblauch, Fenchel, Zucchini und Tomaten zugeben und gleichmäßig in der Ölmischung wenden.

2 Auf 2 großen Blättern Backpapier je eine Hälfte Gemüse mittig aufbringen. Mit Salz und Pfeffer würzen und mit Basilikum belegen. Das Papier einschlagen und mit Küchengarn fixieren oder die Ränder falten. Auf Backbleche legen und das Gemüse im Ofen 45 Minuten garen.

3 Die Päckchen vorsichtig öffnen und das mitgegarte Basilikum entfernen. Die Gemüse-Päckchen mit frischem Basilikum garniert servieren.

GEBRATENER KNOBLAUCH MIT GEGRILLTEM TOAST

Der Bratvorgang nimmt dem Knoblauch die Schärfe. Er wird mild, aber auch weich und fast streichfähig.

FÜR 4 PERSONEN

2 Knoblauchknollen
1 EL Olivenöl, plus Öl zum Beträufeln
4 dicke Scheiben Bauern- oder Toskanabrot
Salz und Pfeffer aus der Mühle

1 Backofen auf 180 °C vorheizen. Von jeder Knoblauchknolle die Spitze kappen, sodass die einzelnen Zehen freigelegt sind. Jede Knolle auf ein Stück Alufolie legen, mit Olivenöl beträufeln und die Folie lose einschlagen.

2 Die Päckchen auf ein Backblech legen und im Backofen 30–40 Minuten garen. Etwas abkühlen lassen, die Folie lösen und die weichen Knoblauchzehen aus den Schalen in eine kleine Schüssel drücken.

3 Eine Grillpfanne auf dem Herd bei mittlerer Hitze erwärmen und das Brot darin beidseitig grillen, bis es kross ist. Knoblauch auf den Brotscheiben verteilen, mit Salz und Pfeffer würzen und mit etwas Öl beträufelt servieren.

BALSAMICO-BIRNEN AUS DEM OFEN

Weich gebratene und leicht karamellisierte Birnen ergeben eine köstliche Beilage, zum Beispiel zu Pilz-Cashew-Pies (siehe Seite 204).

FÜR 4 PERSONEN
4 Birnen
1 EL Zitronensaft
2 EL Balsamicoessig
1 EL Olivenöl
Salz und Pfeffer aus der Mühle

1 Den Backofen auf 200 °C vorheizen. Birnen schälen und längs halbieren, dann mit Zitronensaft beträufeln, damit sie nicht braun werden.

2 Balsamico mit Olivenöl verrühren und mit Salz und Pfeffer würzen. Die Birnen mit der Mischung bestreichen, auf ein Backblech legen und im Ofen in 30–35 Minuten weich und goldbraun garen. Sofort servieren.

AUBERGINEN-KAVIAR

Diese Variation von Baba Ghanoush, einem klassischen Auberginengericht der arabischen Küche, wird im Backofen butterweich.

FÜR 4 PERSONEN
2 Auberginen
2 Knoblauchzehen, zerdrückt
Saft von 1 großen Zitrone
2 EL Tahina
1 TL gemahlener Kreuzkümmel
4 EL Naturjoghurt
Salz und Pfeffer aus der Mühle

1 Den Backofen auf 220 °C vorheizen. Die Auberginen über die ganze Fläche mit der Gabel einstechen und auf ein Backblech legen. Im Backofen 45–50 Minuten garen, bis sie innen sehr weich sind.

2 Das Fruchtfleisch auslösen, die Schalen entfernen und das Fruchtfleisch fein hacken. In einer Schüssel mit Knoblauch, Zitronensaft, Tahina, Kreuzkümmel und Joghurt zu einer geschmeidigen Masse verrühren, mit Salz und Pfeffer abschmecken und den Auberginen-Kaviar servieren.

PFLAUMEN-VERRINE MIT TOFFEE-NÜSSEN

Schicht für Schicht süße Rosencreme, langsam gegarte Gewürzpflaumen, dazu Amaretti und Pekannüsse in Toffee – solche Köstlichkeiten im Glas heißen auf Französisch Verrine. Sie lassen sich gut vorbereiten und kühl stellen, sollten aber bei Zimmertemperatur serviert werden.

FÜR 4 PERSONEN
250 g Sahne
2 EL Puderzucker
1 TL Rosenwasser
8 Amaretti-Kekse, zerkrümelt

GEBRATENE PFLAUMEN
170 ml frisch gepresster Orangensaft
1 TL Zitronensaft
½ TL Zimt
2 Gewürznelken
1 Stück Sternanis
2 EL feiner Zucker
200 g Pflaumen, halbiert und entsteint

PEKANNÜSSE IM TOFFEE-MANTEL
2 EL Butter
3 EL Kristallzucker
150 g Pekannusshälften

1 Für die gebratenen Pflaumen Orangen- und Zitronensaft, Zimt, Nelken, Sternanis und Zucker in einer großen Schüssel verrühren und die Pflaumenhälften darin einlegen, bis sie sich vollsaugen. Die Pflaumen mit der Schnittfläche nach unten auf einem Backblech verteilen, den Saft beiseite stellen. Im Backofen ohne Vorheizen bei 160 °C 1 Stunde garen, bis die Schalen schrumpelig und die Früchte weich sind.

2 Etwa 10 Minuten vor Ende der Bratzeit die Orangensaftmischung in einer Kasserolle zum Kochen bringen, Hitze reduzieren und 5–8 Minuten köcheln lassen, bis sie sirupartig wird und eindickt. Vom Herd nehmen, die gebratenen Pflaumen zugeben und alles abkühlen lassen. Anis und Nelken entfernen.

3 Inzwischen für die Pekannüsse ein Backblech mit Backpapier auslegen. Die Butter in einer kleinen beschichteten Pfanne zerlassen und Kristallzucker zugeben. Bei geringer Hitze 5 Minuten unter Rühren erwärmen, bis sich der Zucker auflöst und bräunt. Vom Herd nehmen, Nüsse zugeben und unter Rühren im Sirup wenden, dann mit einem Löffel auf dem Backblech aufbringen. Abkühlen lassen.

4 Die Sahne schlagen, Puderzucker und Rosenwasser unterrühren. Drei Viertel der Pekannüsse grob hacken und mit den zerkrümelten Keksen verrühren.

5 4 Gläser mit je einer Schicht Amaretti-Nuss-Mischung, Rosencreme sowie Pflaumen in Sirup füllen. Mit einer Schicht Creme abschließen und das Ganze mit den übrigen Pekannüssen bestreut servieren.

FEIGEN IN AHORNSIRUP MIT KARDAMOMGEBÄCK

Wählen Sie für dieses Rezept reife, aber nicht überreife Feigen. Wenn sie zu weich sind, verlieren sie beim Garen die Form.

FÜR 4–6 PERSONEN
12 reife Feigen
5 EL Ahornsirup
½ TL Zimt
3 EL frisch gepresster Orangensaft
abgeriebene Schale von 1 unbehandelten Orange
20 g Butter
170 g griechischer Joghurt zum Anrichten

KARDAMOM-BUTTERGEBÄCK
100 g weiche Butter, plus Butter für die Form
50 g Puderzucker, plus Zucker zum Bestäuben
1 Prise Salz
100 g Mehl (Type 550), gesiebt, plus Mehl für die Arbeitsfläche
50 g Reismehl oder Speisestärke, gesiebt
Samen von 5 Kardamomkapseln, zerdrückt
feiner Zucker zum Bestreuen

1 Zunächst für das Kardamomgebäck den Backofen auf 160 °C vorheizen und eine Backform (20 x 12 cm) leicht einfetten. Mit einem Handrührgerät Butter und Zucker in 6–8 Minuten locker schaumig rühren, Salz, Mehl und Speisestärke sowie Kardamom zugeben und alles verquirlen. Die Masse mit den Händen zu einem glatten Teig kneten, zu einer Kugel formen und in Frischhaltefolie 30 Minuten kühl stellen.

2 Den Teig auf einer leicht bemehlten Unterlage etwa 1,5 cm dick ausrollen (er ist recht krümelig), in die Form drücken und in 25–30 Minuten knusprig goldbraun backen. Mit Zucker bestreuen und in 8 Stangen zu je 12 cm Länge schneiden. In der Form abkühlen lassen.

3 Inzwischen für die Feigen die Backofentemperatur auf 190 °C reduzieren. Mit einem kleinen scharfen Messer jede Feige an der Spitze tief über Kreuz einschneiden. Die Früchte aufrecht in eine Bratenform legen und zum Öffnen leicht auseinanderziehen.

4 Ahornsirup, Zimt, Orangensaft und -schale sowie Butter in einer Kasserolle zum Kochen bringen, dann auf geringe Hitze reduzieren. Unter ständigem Rühren 3–5 Minuten köcheln lassen, bis die Masse sirupartig wird und eindickt. Die Feigen damit beträufeln und 10–15 Minuten im Ofen garen. Die Feigen in ihrem Saft bei Zimmertemperatur servieren und Kardamomgebäck und Joghurt dazu reichen.

VEGANER SCHOKOLADEKUCHEN MIT SIRUPGUSS

Ein erstaunliches Rezept – aber es funktioniert, und das sogar sehr gut. Die Zutaten werden einfach zusammengemischt, die Masse zerfällt nicht und geht wunderbar auf, ohne dass Ei oder Butter enthalten sind.

FÜR 12 PERSONEN

80 ml Sonnenblumenöl, plus Öl für die Form
225 g Mehl (Type 550)
225 g feiner Zucker
1 TL Backsoda
½ TL Salz
3 EL Kakaopulver
1 TL Vanilleextrakt
1 EL destillierter Essig oder weißer Essig

AHORNSIRUPGLASUR

90 g veganer Frischkäse
40 g Puderzucker
1 TL Vanilleextrakt
1 EL Ahornsirup

1 Den Backofen auf 180 °C vorheizen und eine Kastenform (450 g) mit etwas Sonnenblumenöl ausstreichen.

2 Mehl, Zucker, Backsoda, Salz und Kakaopulver in eine große Schüssel sieben und gut verrühren. In einer weiteren Schüssel Öl mit Vanilleextrakt, Essig und 250 ml Wasser verrühren. Die feuchten Zutaten unter die trockenen heben und zu einer geschmeidigen Masse verrühren.

3 Die Mischung in die Kastenform gießen und 45–50 Minuten backen, bis der Kuchen aufgeht. Zur Garprobe mit einem Spieß einstechen; haftet beim Herausziehen kein Teig daran, ist der Kuchen gar. 5 Minuten abkühlen lassen, dann auf ein Kuchengitter stürzen und vollständig auskühlen lassen.

4 Für die Sirupglasur Frischkäse mit Puderzucker, Vanilleextrakt und Ahornsirup zu einer glatten Masse verrühren. 30 Minuten kühl stellen, damit sie leicht eindickt. Den Kuchen in Scheiben schneiden und jede Scheibe mit einem Löffel Sirupglasur beträufelt servieren.

BANANEN- UND BIRNEN-WAN-TANS MIT SCHOKOLADE

FÜR 4 PERSONEN
Sonnenblumenöl für das Blech
16 Wan-Tan-Blätter
½ kleine vollreife Birne (nicht zu weich), geschält, halbiert und in dünne Spalten geschnitten
55 g Zartbitterschokolade, in 8 gleich große Stücke gebrochen
1 kleine Banane, in Scheiben geschnitten
25 g Butter, zerlassen
Puderzucker zum Bestäuben

1 Den Backofen auf 190 °C vorheizen und 2 Backbleche mit Sonnenblumenöl ausstreichen. Auf einer Unterlage je 1 Wan-Tan-Fladen in der Mitte mit 1 Birnenspalte und 1 Stück Schokolade belegen. Die Teigränder mit Wasser bestreichen, mit einem zweiten Fladen bedecken und die Ränder zum Verschließen gut zusammendrücken. Auf ein Backblech legen und 3 weitere Birnen-Wan-Tans formen, dann auf dieselbe Weise 4 Teigtaschen mit Banane und Schokolade machen. (Von den Früchten bleibt meist etwas übrig.)
2 Die Teigtaschen mit zerlassener Butter bestreichen und im Backofen in 10 Minuten knusprig goldbraun backen.
3 Die Teigtaschen mit etwas Puderzucker bestäuben und pro Person 1 Bananen- und 1 Birnen-Wan Tan servieren.

KÜRBIS-CHEESECAKE

FÜR 8–10 PERSONEN
200 g Winterkürbis (z. B. Kabocha), Kerne entfernt und in Spalten geschnitten
300 g Doppelrahm-Frischkäse
250 g Ricotta
225 g feiner Zucker
2 TL Vanilleextrakt
3 Eier
Muskatnuss ganz, zum Reiben
fein abgeriebene Schale von 1 unbehandelten Zitrone zum Garnieren
Sahne zum Anrichten

TEIGBODEN
125 g Vollkornkekse
50 g gemahlene Mandeln
60 g zerlassene Butter, plus Butter für die Form

1 Den Backofen auf 200 °C vorheizen. Den Rand einer hohen Springform (20 cm Durchmesser) mit zerlassener Butter bestreichen und den Boden mit Backpapier auslegen. Die Kürbisspalten auf einem Backblech im Ofen in 25–30 Minuten weich rösten, herausnehmen und die Backofentemperatur auf 150 °C reduzieren.
2 Inzwischen für den Teigboden die Vollkornkekse in einer Küchenmaschine fein mahlen und in einer Rührschüssel mit Mandeln und Butter verrühren. Die Mischung in einer gleichmäßigen Schicht auf dem Formboden aufbringen, festdrücken und bis zum Gebrauch kühl stellen.
3 Vom Kürbis die Schale entfernen und das Fruchtfleisch in der Küchenmaschine einige Sekunden glatt pürieren. Püree durch ein Sieb pressen, um Fasern zu entfernen.
4 Frischkäse und Ricotta in der Küchenmaschine glattrühren, Kürbispüree, Zucker, Vanilleextrakt und Eier zugeben und erneut gut verrühren. Die Mischung auf dem Teigboden verteilen und 1 Stunde backen, bis die Masse fest wird, aber bei Berührung noch nachgibt. Aus dem Ofen nehmen und in der Form abkühlen lassen.
5 Großzügig Muskat über den Kuchen reiben, mit Zitronenschale bestreuen und den Cheesecake mit Sahne servieren.

SCHOKOLADE-TRÜFFELTORTE MIT AMARETTOCREME

Ein üppiger Genießerkuchen mit dickflüssigem, schokoladigem Kern und einem knusprigen Teigboden aus Amaretti-Keksen und gerösteten Nüssen. Dazu passt die herrlich dekadente Amarettosahne, frische Erdbeeren oder Himbeeren sind eine fruchtige Alternative.

FÜR 10–12 PERSONEN

175 g Zartbitterschokolade, grob gehackt
140 g Butter
175 g feiner Zucker
4 Eier (Größe L), Eigelb und Eiweiß getrennt
1 TL Vanilleextrakt
85 g gemahlene Mandeln
Kakaopulver zum Bestreuen

AMARETTI-NUSS-BODEN

60 g ganze geschälte Haselnüsse
175 g Amaretti-Kekse
60 g Butter, plus Butter für die Form
Mehl für die Form

AMARETTOSAHNE

300 g Schlagsahne
1 EL Amarettolikör oder nach Geschmack
1 EL Puderzucker oder nach Geschmack

1 Für den Teigboden Backofen auf 180 °C vorheizen. Den Rand einer Springform (20 cm Durchmesser) mit etwas Butter ausstreichen und mit Mehl bestäuben, den Formboden mit Backpapier auslegen. Haselnüsse auf einem Backblech verteilen und im Ofen 6–7 Minuten rösten. Herausnehmen und abkühlen lassen.

2 Haselnüsse und Amaretti in einer Küchenmaschine fein mahlen. Die Butter in einer mittelgroßen Kasserolle bei geringer Hitze zerlassen, vom Herd nehmen und die Keks-Nuss-Mischung einrühren. Die Keksmasse gleichmäßig auf dem Formboden verteilen und festdrücken.

3 Für die Trüffelfüllung Schokoladestücke in einer hitzebeständigen Schüssel über einem Topf mit sanft köchelndem Wasser 4–5 Minuten erwärmen, bis die Schokolade schmilzt, dabei gelegentlich rühren. Die Schüssel soll das Wasser nicht berühren. Zum Abkühlen beiseite stellen.

4 Zucker und Butter in einer Rührschüssel locker schaumig rühren. Nach und nach mit Eigelben verquirlen, dann Vanilleextrakt und Schokolade unterrühren. Alles gut vermischen, dann gemahlene Mandeln zugeben.

5 In einer weiteren Schüssel Eiweiß zu steifem Schnee schlagen und in 3 Portionen vorsichtig unter die Schokolademischung heben. Die Füllung auf dem Teigboden verteilen und den Kuchen 40–45 Minuten backen, bis er außen fest, innen aber noch fast flüssig ist. Kleine Risse sind kein Problem. Aus dem Ofen nehmen und in der Form auskühlen lassen.

6 Für die Amarettosahne in einer weiteren Schüssel die Sahne schlagen, bis sie dickflüssig ist, dann Amaretto und Puderzucker zugeben. Weiter steif schlagen und nach Belieben mehr Likör oder Zucker zugeben.

7 Den Kuchen dick mit Kakaopulver bestreuen, in Stücke schneiden und mit einem großzügigen Löffel Amarettosahne servieren.

ZITRONEN-MANDEL-TARTE MIT KARAMELLGUSS

Diese köstliche Tarte kombiniert fruchtig-herbes Zitronenaroma mit einem herzhaften Dinkelteigboden und süßer Karamellglasur. Dinkel, ein Urgetreide mit leicht nussig-herbem Geschmack, kann auch durch Weizenmehl ersetzt werden.

FÜR 8 PERSONEN

2 Eier
50 g feiner Zucker
fein abgeriebene Schale und Saft von 4 unbehandelten Zitronen
1 TL Vanilleextrakt
55 g gemahlene Mandeln
125 g Sahne
3 EL Puderzucker

TEIG

225 g Dinkelmehl, plus Mehl für die Arbeitsfläche
70 g Puderzucker
1 Prise Salz
125 g kühle Butter, plus Butter für die Form
1 Ei, leicht geschlagen

1 Zunächst für den Teig Mehl, Puderzucker und Salz in eine Rührschüssel sieben. Mehlmischung und Butter mit den Fingern zu einem krümeligen Teig verreiben, dann das Ei zugeben und alles gut verrühren. Den Teig zu einer Kugel kneten, zu einer Scheibe formen und in Frischhaltefolie gewickelt 20 Minuten kühl stellen.

2 Eine Tarteform mit abnehmbarem Boden (23 cm Durchmesser) mit etwas Butter ausstreichen. Den Teig auf einer leicht bemehlten Unterlage ausrollen, die Form damit auslegen und vorsichtig festdrücken. Den Teigboden mehrmals mit der Gabel einstechen und 15 Minuten kühl stellen.

3 Den Backofen auf 180 °C vorheizen. Den Teigboden mit Backpapier und einer Schicht Hülsenfrüchte beschweren und 10 Minuten vorbacken, dann Hülsenfrüchte und Papier entfernen und in 10 Minuten goldgelb backen.

4 Inzwischen für die Füllung Eier und Zucker in einer großen Schüssel mit einem Handrührgerät 5–7 Minuten hell und schaumig schlagen. Zitronensaft und -schale unterheben, Vanilleextrakt, gemahlene Mandeln und Sahne unterrühren und die Füllung auf dem Teigboden verteilen. 25 Minuten backen.

5 Den Backofengrill auf starke Stufe vorheizen. Die Tarte gleichmäßig mit Puderzucker bestreuen und 1–2 Minuten grillen, bis der Zucker karamellisiert. Dabei darauf achten, dass er nicht verbrennt. Die Tarte etwas abkühlen lassen und dann warm oder bei Zimmertemperatur servieren.

RHABARBERTÖRTCHEN MIT VANILLECREME

Saure Sahne macht den Teig dieser hübschen Törtchen locker und luftig, er lässt sich elastisch ausrollen. Der Rhabarber wird beim Backen weich, der Sirup lässt ihn leicht karamellisieren.

ERGIBT 10 STÜCK
250 ml Milch
5 EL Sahne
1 Ei (Größe L), plus 1 Eigelb
60 g feiner Zucker
1 TL Vanilleextrakt

TEIG
100 g kalte Butter, gewürfelt, plus Butter für die Form
125 g Mehl (Type 550), gesiebt, plus Mehl für die Arbeitsfläche
55 g saure Sahne

RHABARBER
25 g Butter
5 EL Ahornsirup
300 g Rhabarber, in 2,5 cm breite Scheiben geschnitten

1 Für den Teig Butter und Mehl in einer Küchenmaschine fein krümelig rühren, dann saure Sahne zugeben und alles zu einer glatten Masse verrühren. Aus der Küchenmaschine nehmen, zu einer Kugel formen und in Frischhaltefolie gewickelt 30 Minuten kühl stellen.

2 Den Backofen auf 180 °C vorheizen und 10 Vertiefungen einer Muffinform mit Butter ausstreichen. Den Teig auf einer leicht bemehlten Unterlage etwa 3 mm dick ausrollen und 10 Teigkreise von etwas mehr als dem Förmchendurchmesser ausschneiden. Die Vertiefungen der Muffinform damit auslegen und 30 Minuten kühl stellen.

3 Milch und Sahne in einer kleinen Kasserolle sanft erhitzen, bis die Masse fast kocht. In einer Schüssel Ei, Eigelb, Zucker und Vanilleextrakt schaumig rühren, dann nach und nach die Milch-Sahne-Mischung unterheben. Auskühlen lassen.

4 Die Eimischung gleichmäßig auf die Teigböden in der Muffinform verteilen und 30–35 Minuten backen, bis der Teig bräunt und die Creme fest wird.

5 Inzwischen für die Rhabarberfüllung Butter in einer beschichteten Pfanne bei geringer Hitze zerlassen. Erst Ahornsirup, dann Rhabarber zugeben, die Früchte im Sirup wenden und 2 Minuten rühren. Die Rhabarberstücke gleichmäßig auf einem Backblech mit beschichteten Backpapier verteilen und mit etwas Sirup bestreichen. 25 Minuten im Ofen mit den Törtchen backen, dabei einmal wenden und mit etwas mehr Sirup bestreichen, bis der Rhabarber weich ist und leicht karamellisiert.

6 Die Törtchen und den Rhabarber aus dem Ofen nehmen. Die Törtchen in der Form auskühlen lassen, dann aus der Form lösen und auf ein Kuchengitter legen. Die Törtchen mit dem abgekühlten Rhabarber belegen und sofort servieren.

BAISER MIT GERÖSTETEN HASELNÜSSEN UND KARAMELLSAUCE

Für dieses Rezept wird die Baisermasse besonders heiß gebacken, Speisestärke und Essig verleihen ihr eine knusprige Hülle und einen weichen Kern. Der zartschmelzende Kern harmoniert perfekt mit knackig gerösteten Nüssen, Vanillecreme, reichhaltiger Sauce und fruchtigen Beeren.

FÜR 6–8 PERSONEN
70 g Haselnüsse
5 Eiweiß (Eier Größe L)
300 g feiner Zucker
1 TL Speisestärke
1 TL Weißweinessig
400 g plus 2 EL Sahne
1 TL Vanilleextrakt
175 g frische Himbeeren

KARAMELLSAUCE
200 ml Golden Syrup
3 EL feiner Zucker
3 EL Farinzucker (brauner Zucker)
60 g Butter
125 g Sahne

1 Den Backofen auf 180 °C vorheizen. Haselnüsse auf einem Backblech verteilen und 6–8 Minuten rösten. (Achtung, die Nüsse verbrennen leicht!) Auf ein sauberes Küchentuch breiten, das Tuch zu einem Bündel zusammenfassen und zwischen den Händen reiben, um die Nusshaut abzulösen. Abkühlen lassen, dann grob hacken.

2 In einer weiteren Schüssel Eiweiß steif schlagen. Nach und nach Zucker zugeben und gut unterheben, weitere 3–4 Minuten schlagen, bis die Masse steif und glänzend ist. Essig und Speisestärke unterheben.

3 Ein großes Backblech mit Backpapier auslegen. Die Baisermasse darauf zu einem Kreis von etwa 20 cm Durchmesser verstreichen und in der Mitte eine leichte Vertiefung bilden. Im Ofen auf mittlerer Schiene 40–45 Minuten backen, bis das Baiser außen leicht gebräunt und knusprig, innen aber noch weich ist. Den Ofen ausschalten und die Masse bei offener Backofentür vollständig auskühlen lassen.

4 Inzwischen für die Karamellsauce Sirup, Zucker, braunen Zucker und Butter in einer Kasserolle zum Kochen bringen, dann Hitze reduzieren und unter gelegentlichem Rühren 5 Minuten eindicken lassen. Vom Herd nehmen und die Sahne unterheben, dann auskühlen und weiter eindicken lassen.

5 Den Baiserboden auf einer Servierplatte anrichten. Kurz vor dem Servieren Sahne mit Vanilleextrakt steif schlagen und auf dem Baiserboden verstreichen. Mit gerösteten Haselnüssen bestreuen und mit Karamellsauce beträufeln (dabei bleibt etwas Sauce übrig). Das Ganze mit Himbeeren garniert servieren.

ANANAS-KOKOS-SOUFFLÉS

Soufflés gelten rasch als schwierig – diese hier sind unkompliziert, locker-leicht und verbreiten einen Hauch von karibischem Flair.

FÜR 4 PERSONEN

3 EL Kokosraspeln
Butter für die Förmchen
3 Eier (Größe L), Eiweiß und Eigelb getrennt
70 g feiner Zucker
200 g Ananas aus der Dose im eigenen Saft, abgetropft und fein gehackt
Puderzucker zum Bestäuben

1 Den Backofen auf 190 °C vorheizen. 4 Souffléförmchen (150 ml) mit Butter ausstreichen. Die Hälfte der Kokosraspeln auf einem Backblech verteilen und im Ofen in 2 Minuten goldbraun rösten.

2 Eigelbe und die Hälfte des Zuckers in 5–7 Minuten hell und schaumig schlagen. Zerkleinerte Ananas und übrige Kokosraspel unterheben.

3 In einer weiteren Schüssel Eiweiß steif schlagen und in 2 Portionen den übrigen Zucker unterrühren, bis die Masse steif ist und glänzt. Vorsichtig portionsweise unter die Ananasmasse heben, damit der Eischnee nicht zusammenfällt.

4 Die Masse bis zum Rand in die Förmchen füllen und glattstreichen. 10 Minuten backen, bis die Soufflés bräunen und aufgehen. Mit etwas Puderzucker bestäuben, mit gerösteten Kokosraspeln bestreuen und die Soufflés sofort servieren.

APFEL-HONIG-CLAFOUTIS MIT ROSMARIN

Honig und etwas frischer Rosmarin verleihen diesem traditionellen französischen Dessert eine besondere Note.

FÜR 6 PERSONEN

170 ml Milch
125 g Sahne
1 kleiner Rosmarinzweig
3 EL flüssiger Honig
Butter für die Form
3 Eier
1 Prise Salz
80 g feiner Zucker
40 g Mehl (Type 550)
2 Äpfel, geschält, entkernt, halbiert und in dünne Spalten geschnitten
Puderzucker zum Bestäuben

1 In einer mittelgroßen Kasserolle Milch, Sahne, Rosmarin und Honig gut verrühren. Zum Kochen bringen, dann vom Herd nehmen und 25 Minuten ziehen lassen. Rosmarinzweig entfernen.

2 Den Backofen auf 180 °C vorheizen und eine eckige Tarteform (etwa 26 x 20 cm) mit Butter ausstreichen. In einer großen Schüssel Eier mit Salz und Zucker in 6–8 Minuten sehr schaumig schlagen. Mehl unterheben, dann die Milchmischung unterrühren. Die Masse in die Form gießen und die Apfelspalten darauf verteilen; sie sinken dabei etwas ein.

3 Die Masse im Ofen etwa 35 Minuten backen, bis sie bräunt und aufgeht. Mit etwas Puderzucker bestäuben und das Clafoutis warm servieren.

REGISTER